北京市中小学科技活动教材
新科学探索丛书／地球探秘

古都春秋

——循霞客足迹 探家园奥秘

GUDUCHUNQIU

北 京 市 教 育 委 员 会
北京师范大学科学传播与教育研究中心
组织编写

北京师范大学出版集团
BEIJING NORMAL UNIVERSITY PUBLISHING GROUP
北京师范大学出版社

图书在版编目（CIP）数据

古都春秋：循霞客足迹 探家园奥秘／袁爱俊主编.—北京：
北京师范大学出版社，2009.8
（新科学探索丛书／李亦菲，崔向红主编）
ISBN 978-7-303-10367-6

Ⅰ.古… Ⅱ.袁… Ⅲ.北京市－地方史－青少年读物
Ⅳ.K291-49

中国版本图书馆CIP数据核字（2009）第117486号

北 京 市 教 育 委 员 会
北京师范大学科学传播与教育研究中心 组织编写

出版发行：北京师范大学出版社 www.bnup.com.cn
　　　　　北京市新街口外大街19号
　　　　　邮政编码：100875
印　　刷：北京京师印务有限公司
经　　销：全国新华书店
开　　本：170 mm×240 mm
印　　张：9
字　　数：124千字
版　　次：2009年8月第1版
印　　次：2009年11月第1次印刷
定　　价：22.00元

责任编辑：张佳蕾 凌莉萍 张才曰　　选题策划：石 雷 张佳蕾
责任校对：李 菡　　　　　　　　　　美术设计：红十月
封面设计：红十月　　　　　　　　　　责任印制：吴祖义

编委会

　　近年来，随着科技教育理念的更新，我国中小学生的科技活动发生了重要的变化。从内容上看，日益从单纯的知识和技能的传授转向对科学方法、科学精神和技术创新能力的关注；从形式上看，日益从传授和训练类活动转向体验和探索类的活动；从途径上看，日益从课内外、校内外相互割裂的状况转向课内外和校内外相结合。这些转变对全面提高我国青少年的科学素养，使他们尽快成长为适应知识社会需要的创新型人才具有重要的意义。然而，以上转变的实现还受到科普和科技教育资源缺乏以及高水平师资力量短缺的制约。在资源方面，我国中小学校的科技活动长期采用"师傅带徒弟"的经验主义模式，缺乏系统的学习内容，也没有规范的教学指导用书和配套的工具器材；在师资力量方面，我国还缺乏一支专业化的科技活动教师队伍，绝大部分科学学科的教师只是关注知识的传授和训练，忽视科学方法和技术创造能力的培养。

　　值得欣慰的是，在一些办学条件较好和办学理念先进的学校中，在以科技教育为重点的校外科技教育机构中，活跃着一批长期致力于组织和指导学生开展科技活动的科技辅导教师。他们是特定科技项目的"发烧友"，每个人都有令人叹服的独门绝活；他们是学生科技活动的"引路人"，每个人都有技艺超群的得意门生。为了更好地发挥这些科技辅导教师的作用，北京师范大学科学传播与教育研究中心和北京市教育委员会体育美育处在科技教育新理念的指导下，组织北京市校外教育单位和中小学长期从事科技活动辅导的优秀教师、相关领域的科学家、工程师和工艺师等，对当前中小学校开展的各种科技活动项目进行了细致的分析和梳理，编写了这套《新科学探索丛书》。

　　这是一套适用于中小学生开展科技活动的新型科普图书，包括神秘的宇宙、航天圆梦、地球探秘、奇妙的生物、电子控制技术、创新设计、生活万花筒、模型总动员等8个系列，每个系列将推出5～10个分册。每个分册约包含12～20个课题，可用于一个学期的中小学科技活动选修课教学。为满足科技活动课教学的需要，每个课题都以教学设计的形式编写，包括引言、阅读与思考、实践与思考、检测与评估、资料与信息五个组成部分。

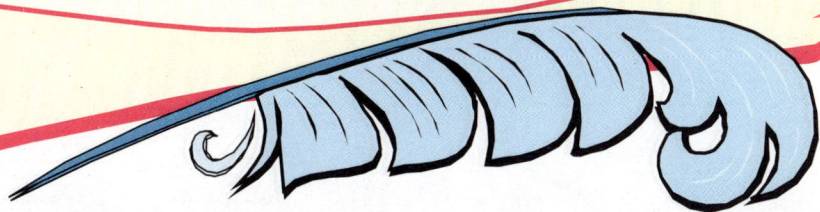

前言

1. 引言

提供一幅反映本课题内容的图片，并从能激发学生兴趣的实物、现象或事件出发，引出本课题的学习内容和具体任务。

2. 阅读与思考

以图文并茂的方式，提供与本课题有关的事件及相关人物、重要现象、基本概念、基本原理等内容，在确保科学性的前提下力求做到语言生动、通俗易懂。为了引导学生在阅读过程中积极思考，通常结合阅读内容设置一些思考性问题。

3. 实践与思考

提供若干个活动方案，指导学生独立或在教师指导下开展各种实践活动，主要包括科学探究、社会调查、设计制作、多元表达（言语、绘画、音乐、模型等）、角色扮演等类型的活动。活动方案一般包括任务、材料与工具、过程与方法、实施建议等组成部分。为了引导学生在活动过程中积极思考，通常结合活动过程设置一些思考性的问题。

4. 检测与评估

一方面，利用名词解释、选择题、简答题、计算题等试题类型，对学生学习本课题知识性内容的结果进行检测。另一方面，对学生在"实践与思考"部分开展的活动提供评估标准和评估建议。

5. 资料与信息

一方面，提供可供学生阅读的书籍、杂志、网站等资料的索引；另一方面，提供购买或获得在"实践与思考"部分开展的活动所需的材料和工具的信息。

虽然这套教材的编写既有基于理论指导的宏观策划与构思，又有源于实践积淀的微观设计与操作，但由于编写规模庞大、参与编写的人员众多，呈现在广大读者面前的各个分册出现不能令人满意的情况是难免的。在此真诚地希望使用本套丛书的教师和学生能对各个分册中出现的问题提出批评，也欢迎从事科技活动的优秀教师参与到本套丛书的编写和修改中来，让我们共同为提高我国中小学科技活动的水平，提高我国中小学生的科学素养做出贡献。

李亦菲

2007 年 6 月 30 日

加强青少年科技教育是中小学的一项重要任务，积极开展青少年科技活动是对青少年进行科技教育的有效方法和重要途径。

随着基础教育课程改革的深入，许多学校开设了以研究性学习为主体的综合实践活动课程。新的课程体系为中小学生开展科技活动提供了必要的时间和广阔的空间。

科技活动是一项知识性、实践性和操作性都很强的教育活动。如何在科技活动中培养青少年的科学态度和科学精神，保证科技活动的科学性和规范性是教育工作者面临的重要课题。为此，北京市教育委员会体育美育处与北京师范大学科学传播与教育研究中心在联合开展课题研究的基础上，组织北京市 100 多所科技教育示范学校和校外教育机构的优秀科技教师，用 3 年时间研发了一套中小学科技活动教材——《新科学探索丛书》。

《新科学探索丛书》在编撰过程中，努力在"三个有机结合"上下工夫：首先，着力实现知识学习与动手操作的有机结合。在本套丛书的每个单元中，"阅读与思考"部分提供了图文并茂的阅读材料，使学生了解有关知识；"实践与思考"部分提供了简明实用的科技活动方案，以引导学生有序地开展科技活动。

其次，着力实现课（校）内学习与课（校）外拓展的有机结合。在知识性学习内容中，"阅读与思考"部分主要适合于课内讲解或阅读，"资料与信息"部分则主要适合于学生在课外阅读；在"实践与思考"部分所提供的活动方案中，既有适合于课（校）内完成的，也有适合于课（校）外完成的；在"检测与评估"内容中，检测部分主要适合于在课内进行测试，评估部分主要适合于在课外进行评估。

第三，着力实现科学学习和艺术欣赏的有机结合。本套丛书采用了图文并茂的写作风格，对文字和图片的数量进行了合理的调配，对图片进行精心的挑选，对版面进行细致的设计，使丛书的亲和力和感染力大为提高。

相信本套图书对丰富中小学生科普知识，提高中小学生的动手实践能力将大有裨益。愿本套图书成为广大中小学生的良师益友。◀

郑萍

2009 年 7 月

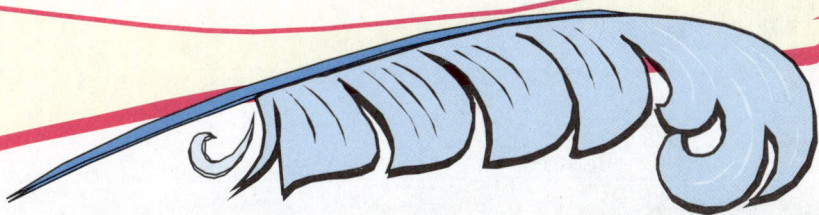

北京师范大学附属实验中学开展的徐霞客综合科技实践活动从1984年开始至今已有20余年，期间经历了北京水质调查活动、环保俱乐部等重要阶段。2000年后针对教育部新课程改革中综合实践活动课的设置要求，学校对这一活动项目重新定位并进行了相应的组织结构调整，确定由地理学科牵头，联合化学、历史和生物学科共同开发这一跨学科的综合科技实践活动，其目标为：传承徐霞客科学探究与创新精神，学习徐霞客综合科学研究方法，探寻家乡北京，热爱我们生活的家园。

徐霞客毕生研究大自然，足迹遍布神州大地，具有突出的实践性；徐霞客的研究内容主要归于地理学科范畴，但同时涉及其他多门学科，具有突出的综合性；徐霞客一生坚持"探人所未知，达人所未达"，其实践研究活动具有突出的探究性；徐霞客一切从实际出发，不唯书、不唯权威，其研究成果具有突出的创新性。徐霞客在科学研究过程中体现的这些突出特征也正是当代中学生在科技教育创新活动中亟待提高的。

历经20余年，师生们的足迹遍布了北京的城区和田园。经过他们的共同努力，徐霞客综合科技实践活动取得了第18届全国青少年科技创新大赛青少年优秀科技实践活动一等奖第一名，获北京市第23届青少年科技创新大赛优秀活动奖。

《古都春秋》就是这20余年的经验结晶，也是数十位教师跨学科协作的集体智慧的碰撞与交融。本书设计了12个综合实践主题活动，以期达到抛砖引玉、举一反三的目的，为新课程改革中综合实践活动课的探索尽些绵薄之力。

徐霞客综合科技实践活动得到了学校领导的长期支持和指导；在本书的编写过程中，原徐霞客研究会秘书长黄实先生对书稿提出了很多宝贵的修改意见和建议，在此一并表示感谢。

为了使本书内容更丰富、形式更活泼，书中采用了一些珍贵的图片，由于种种原因，我们没能与部分图片的著作权人及时联系上，恳请各位见书后能与我们联系，我们将依照国家的有关规定及时付酬。在此也特别感谢各位对我们的理解和支持！

目 录

先驱霞客

XIANQUXIAKE ○ ○

1

②007年11月27日，首都文化科技界人士及各地徐学界代表出席了在北京中华世纪坛举行的徐霞客青铜像落成揭幕仪式。

徐霞客是怎样的一个人？他对中华民族又有怎样不可磨灭的贡献呢？

在人们心目中，他是"游圣"，人们以追寻他的足迹，游览祖国大好河山为旅游新时尚。但是仅仅追寻他的足迹去旅游还是不够的，我们更需要全面地了解他，学习他不避艰险、勇于探索、锲而不舍的顽强毅力和从实际出发、坚持实地考察、用科学方法探索大自然规律的科学精神。

阅读与思考

一、卓越的贡献

徐霞客（1586—1641），名弘祖，字振之，江苏江阴人，霞客是他的别名。他是我国杰出的地理学家、探险旅行家、游记文学家。从21岁到逝世的30多年里，他几乎每年都外出旅行和考察，历尽艰辛，足迹遍及我国华北、华东、华南沿海以及西南各省。公元1641年，徐霞客将十余卷记述他毕生旅行考察的手稿托付友人之后，与世长辞。这份传世至今的手稿即驰名中外的《徐霞

徐霞客旅行路线

客游记》（现存60余万字）。《徐霞客游记》是徐霞客历时30余年，走遍大半个中国的旅行考察实录，内容宏博，文字素美，具有很高的地理学和文学价值，被认为是地理学史上的珍贵文献和游记文学史上的典范之作。徐霞客和《徐霞客游记》不仅在我国历史上被誉为"千古奇人、千古奇书"而代代相传，而且日益引起海外学术界的重视。

《徐霞客游记》的成就主要体现在以下几个方面：①它记载了我国有史以来最详尽、最准确的岩溶地貌的宝贵资料，是今天一门新兴学科——岩洞学最早的文献来源之一。②它记载了大量的气候资料，通过这些不可多得的原始记录，我们可以进一步探索17世纪以来我国各地天气变化的趋势，为今天的气象学提供宝贵的资料。③它记载了大量的动、植物种类及其分布情况，给后人展示了当时五彩缤纷的动植物界的景象。徐霞客当时目睹的生态环境，经历了近4个世纪的演变后，已发生了急剧变化，这些正是当今环境科学十分关注和热点研究的重要课题。④它以大量篇幅记载了明末社会经济状况，包括当时的手工业、矿产开采、农业、交通、商业贸易、城镇规模建置沿革等方面的状况，这些为今天经济地理学的许多分支，如城镇地理、农业

地理、人口地理、商业地理、交通地理等学科的研究提供了难能可贵的资料。⑤它记载了各地的风土人情，对人们了解少数民族具有较高的参考价值。

《徐霞客游记》无疑是地理科学的宝库，对我国近代发展起来的许多地理分支学科有很大的推动作用。随着它的进一步流传，必将开阔人们对祖国山河地貌认识的视野，增强人们对祖国河山的热爱。

二、科学的方法

徐霞客敢于跳出书堆，走出书斋，坚持通过实地考察取得第一手资料，同时将这些资料去粗存精、分析整理，进一步探索大自然的规律。在实地考察时，他系统地应用了地理比较法、综合因子分析法和区域描述法，使宏观系统研究与微观精细分析、区域分类研究与比较分析完美结合，突破古典地理学研究的局限，开创了地理学系统观察自然、描述自然的新方法。

早在徐霞客之前，就有很多人到过溶洞游历，对我国古代岩溶地貌作了相当丰富的文字记载。但对岩溶地貌进行系统勘察研究，并以科学方法探索其形态特征和成因的，徐霞客是第一人。徐霞客在我国的湘、滇、黔、桂四省考察了3年。这四省是世界上最大和发育最好的岩溶地貌区。徐霞客不仅对岩溶洞穴瑰丽神奇的景观作了细致的描述，而且分析其成因，考察其方位，研究其结构，为岩溶学作出了杰出的贡献。他对溶蚀作用有精辟的论述，指出"崖间有悬干虬枝，为水所淋漓者，其外皆结肤为石，盖石膏日久凝胎而成"，说明了石钟乳的成因。他还着重指出流水侵蚀的重力作用在岩溶地的意义，并且注意到岩溶过程是溶蚀、侵蚀和重力等的综合作用过程。他说"进穴愈多，皆平地下陷，或长如峡，或圆如井……下则渊水澄澈。盖其地中二三丈之下，皆伏流潜通，其上皆石骨中嘘结，偶骨裂土迸，则石出而穴陷焉"，阐明了岩溶洼地的形成是由于溶蚀、侵蚀及塌陷，而塌陷最终形成了各种岩溶洼地。徐霞客在距今300多年前，就对岩溶作了如此精深的考察和研究，在世界历史上是独一无二的。

另一方面，徐霞客也十分重视相关知识的积累和文献资料的收集与应用。徐霞客的"石友"陈函辉撰文介绍说："……特好奇书，侈博览古今史籍，及舆地志、山海图经，以及一切冲举高蹈之迹……"又说："性酷好奇书，客中见未见书，即囊无遗钱，亦解衣市之，自背负而归；今充栋盈箱，几比四库，半得之游地者。"不仅如此，徐霞客出游考察时，往往携带不少图书资料，沿途查询、参考、核对。根据《徐霞客游记》的记载，他在湘江遇盗后清点损失时，仅损失的典籍、图书就有二十多本。他在后来的旅程中，又买了不少，加上未损失的共有九十卷之多。他在考察时，随身携带这么多书，一则可以作为"指南""导游"，二则通过实地考察，纠正文献中的不实记述。

由上述可知徐霞客既重视实地考察，又不忽视文献资料的收集、应用，并使两者紧密结合，相得益彰。这是也是科学的态度，科学的方法。因此，我们可以说，徐霞客是我国历史上当之无愧的"读万卷书，行万里路"的典范。

三、不朽的精神

徐霞客不仅不避艰险、不辞劳苦，而且处事一丝不苟，探索真理时有着严肃认真、锲而不舍的精神。为了搞清楚一件事情，他往往一而再、再而三地前往调查，直至完全弄清楚为止。他曾三游雁荡山，对雁荡山的地貌有科学细致的描述；五次去福建，对福建漳平一带的河流情况进行实地考察，并作出了合乎科学的推论。

他一向坚持从实际出发，从不迷信经典传说。如《尚书》等经典中有"岷山导江"的说法，长期以来被人们奉为金科玉律，然而徐霞客没有迷信这些。他沿着长江逆流而上，从江西、湖南、广西、贵州进入云南，一路追溯到长江上游——金沙江。尽管没有到达长江发源地，但他通过实地考察和科学分析，否定了长江之源出自岷江的错误说法。他认为岷江只不过是长江的一条支流，金沙江才是长江上游。这一结论是完全正确的，它推翻了千百年来盛传不衰的"岷山导江"的错误说法，为揭开长江之源的秘密指明了正确的方向。徐霞客正是靠着这种不畏艰难困苦的求实精神，对祖国的山川江河、地形地貌得出了一个又一个正确的结论，并在《徐霞客游记》中进行了详细的记载。

人类生产力水平和经济生活水平提高，造成自然生态环境的急剧变化，"人与环境的关系"目前已经成为世界各国的环境科学、地理学、生态学、动植物学界普遍关注的重大问题。但是，科学家们在试图解开这一自然界演变趋势的难题时，首先遇到的问题是难于了解历史的自然面貌，无法准确把握几百年甚至几千年前自然界的生态环境。为了重现历史的生态环境，科学家们不得不调动一切现代科学技术手段，如孢粉分析、碳14测定等。尽管如此，往往也只能窥豹一斑，难以获得准确而全面的结论。而徐霞客在长达34年的考察生涯中，就像一位忠于职守的大自然的书记官，把他在旅途中所见到的各地的天气、地形、矿产、森林、岩石、瀑布、河流、湖泊、温泉、洞穴、沼泽、植物、动物等一一记录下来。因此，目前保存下来的《徐霞客游记》就成了一份不可多得的有关明朝末年我国自然面貌的宝贵资料。

思考1： 从徐霞客的身上，我们可以学到哪些可贵的精神？

实践与思考

活动 1 制作"徐霞客游历示意图"

活动任务

要了解一个人的空间活动范围（例如徐霞客一生的考察路线），最简单的办法就是制作一张清晰明了的示意图。如果我们加上时间标注和一些说明文字，读者就可以明确这个人的活动过程。下面我们就一起来做"徐霞客游历示意图"。

活动准备

《徐霞客游记》及介绍徐霞客的相关书籍和资料、空白的中国地图。

活动步骤

❶ 仔细阅读徐霞客游历的过程，并在网上及相关书籍中查找更多资料。

❷ 按照时间线索，将徐霞客游历的过程整理清楚。

❸ 找一张比较大的中国地图，标出徐霞客考察的地点，并在旁边写明时间及主要研究成果。

❹ 按照时间顺序将考察地点顺序连接，并标出箭头。

❺ 在图的上方标明图名"徐霞客游历示意图"，并在图的下方写上制图人和制图时间。

❻ 请家长、同学和老师为你的示意图提意见，看看还有什么需要改进的地方。

思考 2：徐霞客的游历生涯，大致可分为几个阶段？

活动 ② 了解《徐霞客游记》中的科学研究方法

活动任务

读《徐霞客游记》时，感动我们的应该不仅仅是徐霞客坚持不懈的精神，我们更应关注他作为一个古人，是如何利用有限的条件进行观察和研究的。在观察时他有没有一定的思路？对于无法亲眼看到的内容，他又是如何作分析判断的？在我们现有的技术条件下，还有没有可能进行更深入的研究，发现更多的奥秘？让我们一起来深入研究，更加细致了解徐霞客研究问题的科学方法，明确科学研究应当采取的方法和态度，以及应当努力的方向。

活动准备

《徐霞客游记》。

活动步骤

❶ 按照兴趣点分组，每组分别研究《徐霞客游记》中的一类地理问题，如分为地质地貌组、水文组、气候组、植物组等。

❷ 每人带着任务通读一遍《徐霞客游记》的相关章节，并摘出自己认为有价值的内容。

❸ 小组内交流讨论，共同完成下表：

徐霞客科学研究方法统计表

	观察的项目	使用的工具	推断出的结论	可进一步分析的内容	可改进的地方
案例一（如雁荡山、怒江等）					
案例二					

❹ 组间交流，并最终形成分析徐霞客研究方法的小论文。

思考3：徐霞客研究问题的基本思路和原则是什么？

活动 3 比较阅读各种游记

活动任务

在所有中国古代的游记和地理书籍中，最引人注目的就是《水经注》和《徐霞客游记》。它们都是在实地考察的基础上写作而成，都兼具地理学与文学的双重价值，因此具有可比性。而国外也有一些经典的游记，如比《徐霞客游记》早约300年的马可·波罗（1254—1324）的《马可·波罗游记》和晚大约300年的斯文·赫定（1865—1952）的《亚洲腹地旅行记》。科学研究中有一项很重要的基础工作就是文献检索和比较阅读，这样可以更加明确你所研究的事物的基本特征，并从中找到值得研究的问题。为了对徐霞客及其研究方法有更深入的了解，让我们一起来做这项工作吧！

活动准备

《水经注》《徐霞客游记》《马可·波罗游记》《亚洲腹地旅行记》。

活动步骤

❶ 以小组为单位，按照活动2中的方法来分析《水经注》《马可·波罗游记》和《亚洲腹地旅行记》，研究后不写论文，但需将每位研究者的研究方法归纳出来。

❷ 以组为单位，进行组间交流，并讨论其他研究者与徐霞客研究思路的异同。

❸ 归纳整理，以你认为最合适的方法将结果表现出来（可以画示意图或写研究报告，其他形式亦可）。

思考 4：徐霞客与其他研究者相比，在研究思路上有什么异同点？

检测与评估

❶ 检测

1．徐霞客的一生共游历了哪些地区？

2．试概括徐霞客在地理学方面的贡献。

❷ 评估

将实践活动中的成果进行交流评比。

资料与信息

参考资料

❶ 曹余章. 上下五千年[M]. 上海：上海人民出版社，2001.

❷ 段江丽. 奇人奇书：《徐霞客游记》[M]. 昆明：云南人民出版社，2002.

❸ 朱钧侃，潘凤英，顾永芝. 徐霞客评传[M]. 南京：南京大学出版社，2006.

❹ 石刚. 中外科学家发明丛书：徐霞客[M]. 北京：中国国际广播出版社，2002.

参考信息

❶ 中华教育资源网：http://www.cn910.net

❷ 为什么 怎么办：http://www.whyandhow.org

提示与答案

阅读与思考

思考1：为了理想坚持不懈的精神；对科学认真负责的态度；探索自然、重视考察实验的科学态度；不避艰险、不辞劳苦的求实精神；遇事一丝不苟，探索真理时严肃认真、锲而不舍的精神；敢于向书本、权威挑战的创新精神等。

实践与思考

思考2：大致可分为三个阶段：第一阶段为28岁以前的准备阶段，重点放在研读相关书籍，没有留下游记；第二阶段为28岁（1613年）至48岁（1633年），历时20年，期间游览了浙、闽和黄山、嵩山、五台山、华山、恒山诸名山，游记写了一卷，约占全书的1/10；第三阶段为51岁（1636年）至54岁（1639年），历时4年，游览了浙江、江苏、湖广、云贵等大山名川，写下了九卷游记。

思考3：略。

思考4：略。

检测与评估

❶ 检测

1. 略。

2.（1）喀斯特地区的类型分布和各地区间的差异，尤其是喀斯特洞穴的特征、类型及成因；

（2）纠正了文献记载的关于中国水道源流的一些错误；

（3）观察记述了很多植物的生态品种，明确提出了地形、气温、风速对植物分布和开花早晚的影响；

（4）考察了云南腾冲打鹰山的火山遗迹，科学地记录与解释了火山喷发出来的红色浮石的质地及成因；

（5）对地热现象的详细描述在中国是最早的；

（6）对所到之处的人文地理情况进行了描述。

❷ 评估

略。

"**天**坛的明月，北海的风
卢沟桥的狮子，潭柘寺的松
走遍了南北西东，也到过了许多名城
静静地想一想，我还是最爱我的北京！"

北京，一座富有神奇魅力的古城，至今已有3 000多年的历史。曾是辽、金的陪都，元、明、清三朝的都城，现在作为中华人民共和国首都。北京见证了历史的沧桑巨变，她的古迹中散发出的是历史的气息，展现的是中华民族的悠久文化，而在新的形势下，她正以新的面貌呈现在世人的眼前。

阅读与思考

一、千年古都

公元前11世纪中期，周朝灭商后，武王封帝尧后代于蓟。蓟位于北京小平原上，三面环山，南是大平原，有许多湖泊沼泽，水资源丰富，永定河从它的西南穿过。古代北上蒙古高原和东北平原的大道只有渡过永定河以后，才形成通往南口、古北口和山海关三条大道的分歧点，所以永定河渡口（今卢沟桥至广安门地区）就成为最早的北京城——蓟之所在，大致相当于今天的广安门一带。从战国至唐辽，北京即蓟城就一直作为北方军事经济重镇，坐落于此。燕国的蓟、秦广阳郡、汉广阳国、隋涿郡、唐幽州，以及辽的南京城、金中都城，都是蓟城的延续和发展。

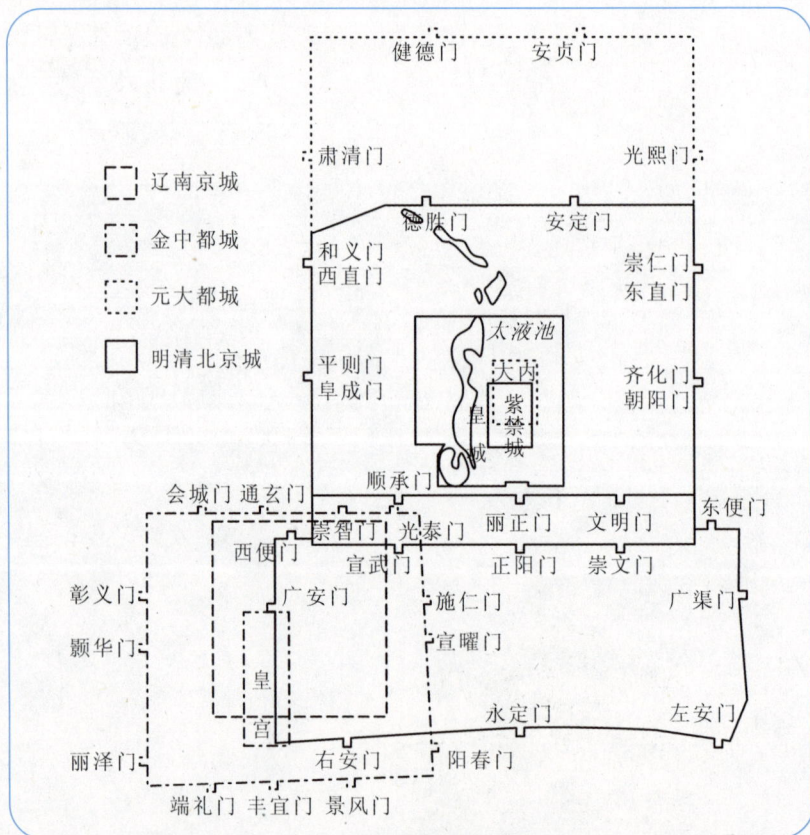

辽、金、元、明、清北京城址变迁

　　北京作为影响全国首都的历史始于辽朝，辽建国后升幽州（即北京）为南京，作为陪都之一。1149年，金海陵王完颜亮即位，于1153年正式迁都燕京，名曰中都。金中都的设立和经营，大大促进了北方经济的发展和民族融合的深化，也使北京城进入大发展时期。今天北京城的基础是700多年前忽必烈下令建设的元大都。元世祖忽必烈于1271年定国号为元，选定燕京建"汗八里"，意即"汗城"，史称元大都。明成祖朱棣即位后下令重建北京城并迁都于此，形成了62平方千米呈"凸"字形的明代北京城。至此，北京作为首都的各个基础问题全部解决。清朝是我国最后一个封建王朝，它沿用了明朝时的皇城和皇宫，但在京城西郊经营皇家园林，其成果大大超越了前代。

　　1911年10月武昌起义，清朝268年的统治土崩瓦解，国民政府随即成立。国民政府建立并定都南京后，政治中心明显南移，虽然北洋政府曾定都北京16年，但仍无法改变这一形势。1949年，中华人民共和国宣告成立，北京又焕发了青春，再度成为全国的政治文化中心，直至今天，北京已经发生了翻天覆地的变化，而且她还会继续着这样的变化。

二、神奇的"中轴线"

中轴线上的帝都

　　从北京的地图上可以看到一条贯穿南北的中轴线，这条中轴线南起永定门，北到钟鼓楼，长约7.8千米，将北京分为东西两大部分，位于中轴线上的宏伟宫殿建筑群——故宫（即紫禁城）就成为了北京的中心。《周礼》有"左祖右社，面朝后市"的设计理念，紫禁城外还有城，均以中轴为轴线，城中有城。中轴的东西两侧，建筑均为对称布局。内城左部是太庙，太庙是国庙，是帝王率领群臣祭祀列祖列宗的地方；右部是社稷坛，是帝王祭祀土地神的地方。外城左为天坛，右为先农坛，城外则为左侧日坛，右侧月坛。紫禁城、皇城、内城、外城，城城呼应。有城就有城墙、门楼和角楼，这些构成了北京壮观的美景。建筑大师梁思成这样赞美中轴线："一根长达八公里，全世界最长，也是最伟大的南北中轴线穿过全城。北京独有的壮美秩序就由这条中轴的建立而产生。"

1271年，忽必烈下令按照《周礼》的建都方案，建造北京城。规划者刘秉忠、郭守敬等人，先定出中央子午线，再规划出与之垂直或平行的经纬网状道路，把全城最重要的建筑都安排在中轴线上。

明成祖朱棣于永乐四年到十八年（1406—1420年）对元大都进行了改建，最重要的部分是兴建宫城（紫禁城）及皇城，形成背山（景山）面水（金水河）的格局。嘉靖三十二年（1553年），筑外城，至此，北京城的基本轮廓形成，从内到外依次为宫城、皇城、内城和外城。北京中轴线上的建筑从南往北依次为：永定门、正阳门、大明门（清为大清门、辛亥革命后改为中华门）、天安门、端门、午门、太和门、三大殿、乾清门、后三宫、御花园、神武门（从午门至神武门即为宫城——紫禁城）、景山、地安门、后门桥、鼓楼和钟楼。中轴线的制高点是景山，是北京城的几何中心。中轴线两翼的建筑呈东西对称分布，为中轴线上的主要建筑服务，天坛、地坛、日坛、月坛是皇帝祭祀场所。

思考1：中轴线既是北京城市框架的脊梁，又是展现北京历史文化的主线。想一想，如何建设新北京的中轴线文化？

北京城围绕中轴线设了"内九外七"十六道城门，起到防御的功用。内城九门为：正阳门（原丽正门）、崇文门（原文明门）、宣武门（原顺承门）、朝阳门（原齐化门）、东直门、阜成门（原平则门）、西直门、安定门、德胜门；外城共有七门：东便门、西便门、广渠门、广安门（广宁门）、左安门、右安门、永定门。

北京作为封建帝都，城市设计的主题是要突出封建帝王至高无上、君临天下的气势与威严。北京城市的整体布局设计，无论在功能上还是在意识形态上，都充分满足了这一要求。由于经过整体设计，全城空间布局井然有序，更有六海园林水系的陪衬，使其规整中见自然，严肃中有活泼。这在历代都城中极为少见，充分体现出了东方古典建筑的魅力和中国古代劳动人民的聪明才智。中轴线上的建筑汇集了北京古代城市建筑的精髓，见证了北京城的沧桑变迁。北京城经历了近1 000年的发展，是一座集历史、文化、政治、经济于一身的名城，也是世界公认的文化遗产城市，她的发展与保护是我国面临的一个严峻的课题。2002年，国家9部委发出的文件《关于加强和改善世界遗产保护管理工作的意见》对此有明确要求：一切开发、利用和管理工作，都应以遗产的保护和保存为前提，都要以有利于遗产的保护和保存为根本。

我们相信，我们的古都北京一定会越来越美好！

思考2：现代北京城发展的优势是什么？

实践与思考

活动 1 制作各朝代北京城区沙盘

活动任务

制作一个简易的北京中轴线的沙盘，从中了解北京建城思想，体会中轴线的魅力。

活动准备

一大块木板、几块硬纸板、厚度不一的泡沫塑料、胶水、双面胶纸、剪刀、小刀、相应的地图等。

活动步骤

❶ 用一硬纸板作为底座，大小按照阅读部分提供的历代北京城变迁的城址大小依次等比例放大。

❷ 用硬纸板等作为城墙（最好是做成积木式，便于组合不同朝代的北京城），根据阅读部分提供的图像分别围出辽、金、元和明清城的范围（可依据书中图纸，勾画好不同时期北京的平面位置，尤其是城墙、主要宫殿和河流位置）。围墙大小同样按比例尺放大，并将围墙嵌在底座的硬纸板上。

❸ 分别在金、元和明清城的纸板相应位置标注出城门的名称。

❹ 用泡沫塑料制作元大都内城——大内、明清皇城和紫禁城的模型。

❺ 对照阅读部分提供的明清城图像在城中相应位置摆放大内、皇城和紫禁城的模型。

思考3：通过制作历代北京城模型，说明北京城在位置和范围上的变化。

活动 2 考察对比北京的城门

活动任务

结合阅读部分，考察今天北京城"内九外七"的城门情况，做一个北京城门对比的考察报告。

活动准备

明清北京城地图、现代北京旅游地图、旧时照片和录像资料、确定采访对象，关于旧城门的文字资料，照相机等。

活动步骤

❶ 根据明清北京城地图，参考九门深处图，找出十六道城门的位置。

❷ 对照北京旅游地图查找十六门现在的位置，并用彩笔在图上标出。

❸ 根据旅游图位置，实地考察现有城门遗址，拍摄照片并做好记录。

❹ 现场采访当地居住的老者，向他们了解城门变迁的历史。

❺ 通过旧有资料、实地考察照片和情况描述，对比古今北京城门位置和功用的异同。

思考 4：没有调查就没有发言权，明代徐霞客本着求真求实的科学态度行走天下，我们通过现场考察来了解古今北京城门的变化，同样是徐霞客精神的延续。请思考北京城门的变迁给北京带来了哪些变化。

活动 3 撰写故宫中轴线中英文解说词

活动任务

撰写故宫中轴线中英文解说词，培养对外宣传我国悠久历史文化的能力。

活动准备

故宫平面图、电脑、图书、英语字典、照相机等。

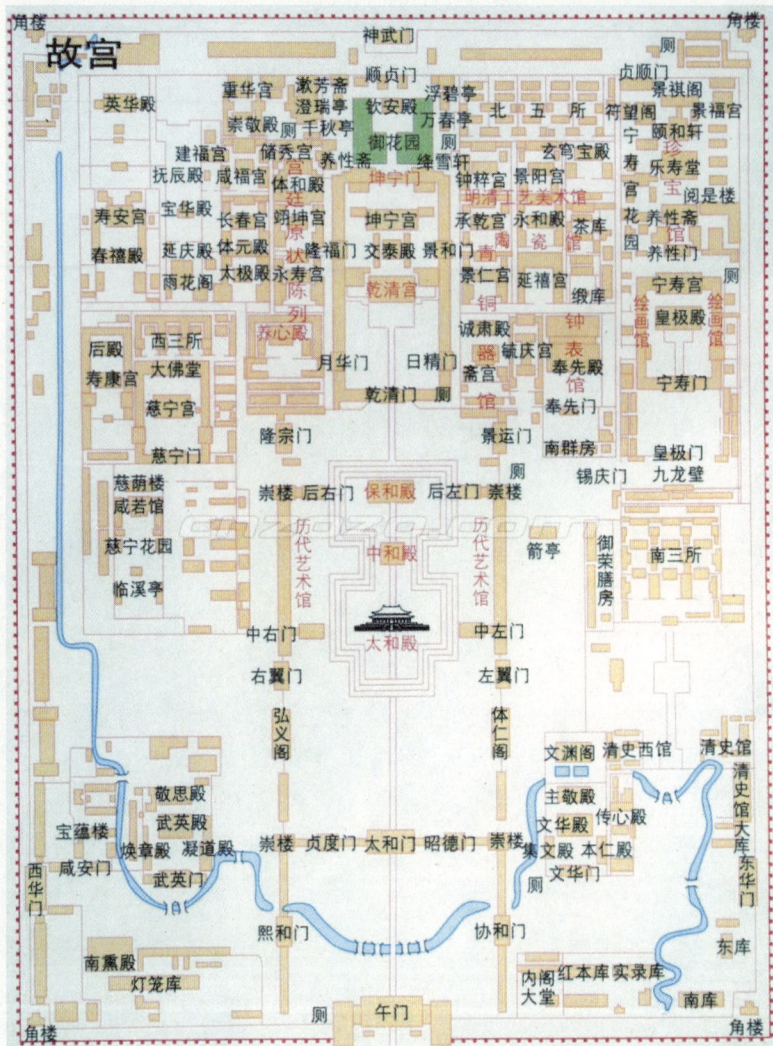

故宫平面图

活动步骤

❶ 结合故宫平面图和清代洋人绘制的紫禁城图制定一条参观路线，可以从午门出发，也可以从北门——神武门出发。

❷ 上网搜集资料，根据路线图撰写中英文导游词。

❸ 实地考察，完善导游词。

④ 采访一个对故宫有所认识的人（工作人员、专家、游客均可），了解故宫在他们心目中的形象与意义。

⑤ 按照参观路线，拍摄各个景点的照片。

⑥ 写一篇导游词或制作导游演示文稿。

检测与评估

① 检测

1. 简述北京城的发展历程。

2. 写出北京城中轴线上的主要建筑。

② 评估

1. 元大都的设计者有几位？是按照什么规定设计的？

2. 北京中轴线的南北起点分别是哪里？北京中轴线的长度是多少？

3. 北京城由哪四部分构成？

资料与信息

参考资料

① （美）牟复礼，（英）崔瑞德. 剑桥中国明代史[M]. 北京：中国社会科学出版社，1992.

② 马正林. 中国城市历史地理[M]. 济南：山东教育出版社，1998.

③ 侯仁之. 北京城市历史地理[M]. 北京：北京燕山出版社，2000.

参考信息

① 老北京网：http://oldbeijing.org

② 北京文化网：http://www.oldbj.com

③ 结艺坊中国民俗网：http://www.myknots.com

④ 天安门地区管理委员会：http://www.tiananmen.org.cn
⑤ 北京文网：http://www.beijingww.com
⑥ 故宫博物院：http://www.dpm.org.cn

提示与答案

阅读与思考

思考1：尽最大可能保护、恢复中轴线上的古建筑，以"新北京、新奥运"作为文化生长点，将中轴线南北延长，在保留明清中轴线文化的基础上建设现代中轴线文化。北京今后发展的思路是保留古都特色，朝着绿色、科技、人文的方向发展。

思考2：物产丰富，水源充沛，地理位置重要，交通发达，民族聚汇，便于融合，历史悠久，基础深厚。

实践与思考

思考3：位置先向东北再向西南移动，范围逐渐扩大。

思考4：北京城门的变迁使北京交通更为便利，商业活动范围和居民生活区扩大了，经济不断发展，但是老北京的风貌却不复存在。

检测与评估

① 检测

1．燕国的蓟、秦广阳郡、汉广阳国、隋涿郡、唐幽州，以及辽的南京城、金中都城、元大都、明清北京。

2．永定门、正阳门、大明（大清）门、天安门、端门、紫禁城、景山、钟鼓楼。

② 评估

1．刘秉忠、郭守敬等；《周礼》。

2．永定门、钟鼓楼；7 800米。

3．官城、皇城、内城和外城。

生命之源 3

SHENGMINGZHIYUAN

水是生命之源，水亦是城市发展的命脉。自然界赋予城市天然的水系，城市因这些水系而充满生机。当年徐霞客探寻了我国的诸多河流，溯本求源，同时记录沿线诸多风景、风土人情、河流特征等。如果你居住的城市有河流经过，你是否探寻过这条河流从哪里来，又流向何处？我们是否可以运用徐霞客考察河流的方法，从身边流淌的河流入手，看看流经我们城市的河流有哪些特点，对我们生活的城市有哪些影响？

阅读与思考

北京共有五大水系，其中有些河流对北京城的形成和发展具有重大影响。

一、从无定河到永定河

永定河发源于山西省宁武县管涔山，流经内蒙古、河北，经北京转入河北，在天津汇于海河，至塘沽注入渤海。永定河全长548千米，自门头沟区三家店流入石景山区后，流经五里坨、麻峪、庞村、水屯等地，经衙门口村南流入丰台区。古称澡水，隋代称桑干河、金代称卢沟河，每年7月至8月为汛期。河水自燕山峡谷急泻，两岸峭壁林立，落差为320∶1，最大流量5 200立方米/秒左右。河水浑浊，挟带大量泥沙，年含沙量3 120万吨，元、明代有浑河、小黄河等别称。由于河道迁徙无常，俗称无定河，一直到清康熙三十七年（1698年），进一步疏浚河道，加固岸堤，才将"无定河"改名为永定河。

有人说永定河是北京的母亲河，原因有三：第一，永定河的洪积冲积扇形成了北京湾平原。在这片平原上，北京的先民选择在永定河边的蓟丘一带，建立居民点，修建蓟城，并慢慢发展壮大起来。第二，永定河流域的丰厚物产为北京城的建设和发展提供了水源、建材、燃料等物质保障。第三，永定河文化也为北京文化的生成和发展提供了基础。

思考1： 为什么1698年之前将永定河称为"无定河"？其形成受哪些自然因素的影响？

二、永定河水系的演变与地质地貌、气候、人类活动的关系

（一）水系的演变与地质地貌的关系

北京市地处华北平原同黄土高原、内蒙古高原的交界处，兼具山地和

平原。西部和北部是连绵不断的山地，东南部是缓缓向渤海倾斜的平原。西部山地总称西山，属于太行山脉，在西山的崇山峻岭中，永定河等河流自西北向东南流，切穿山脉后形成一连串的峡谷，沿河道宽谷和窄谷相间分布。

永定河河道

思考2： 北京西山地区的地形对永定河水系的演变有何影响？

（二）水系的演变与气候的关系

北京市的气候冬季寒冷干燥，夏季高温多雨，是典型的温带大陆性季风气候。因受季风活动的影响显著，北京地区春季干旱多风沙，夏季多暴雨，降水的季节变化和年际变化都很大。北京市年降水量的总体分布是从东南向西北递减，但受地形影响，房山和门头沟的山前地带，是全市的多雨中心之一。北京市的气候条件，加剧了永定河流域的流水侵蚀、搬运和堆积，对水系的演变和地貌的塑造产生了重要作用。

思考3： 北京的自然条件对永定河水系水文特征有何影响？

（三）水系的演变与人类活动的关系

新中国成立后，为了尽快减轻永定河流域的水旱灾害，未待流域规划完成，即兴建了官厅水库。1956年，在永定河下游修建了永定河引水渠工程，全长约25千米，底宽20米，是北京第一条大型人工引水渠道，主要是将官厅水库水源输往石景山工业区。近20年来，又相继加高加固了卢沟桥以上左堤，修建了卢沟桥枢纽工程，整修了两岸堤防和险工，进行了泛区整治。从此，"无定河"真正成为了永定河。

官厅水库

思考4： 新中国成立后，在永定河流域建设了哪些主要的水利工程，对永定河综合效益的开发和水患的治理起了什么作用？

三、潮河·白河·潮白河

潮白河为流经北京市北部、东部的重要河流，属海河水系。其上源有两支，东支为潮河，西支为白河。潮河发源于河北省丰宁满族自治县草碾子沟南山下，经滦平县，自古北口入北京市密云县境，在辛庄附近注入密云水库，市境内河长72千米。白河发源于河北省沽源县，经赤城县，于白河堡进入北京市延庆县，东流经怀柔县青石岭入密云县，在张家坟附近注入密云水库。

潮、白两河出库后，各自排放，于密云县城之西南的河漕村汇合后称潮白河。南流经怀柔县、顺义县，至通县，沿途有支流怀河、箭杆河汇入，于通县牛牧屯出北京市入河北省境，东流汇入海河而注入渤海。潮白河及其支流组成潮白河水系，北京市内流域面积6 531平方千米，占全市面积33.4%，年均径流量10.22亿立方米，占全市水系总径流量的39.4%。两项均居全市首位。新中国成立后，在这一水系上修建了密云水库，它是北京市重要饮用水源，通向市区的京密引水渠是北京市供水主动脉。

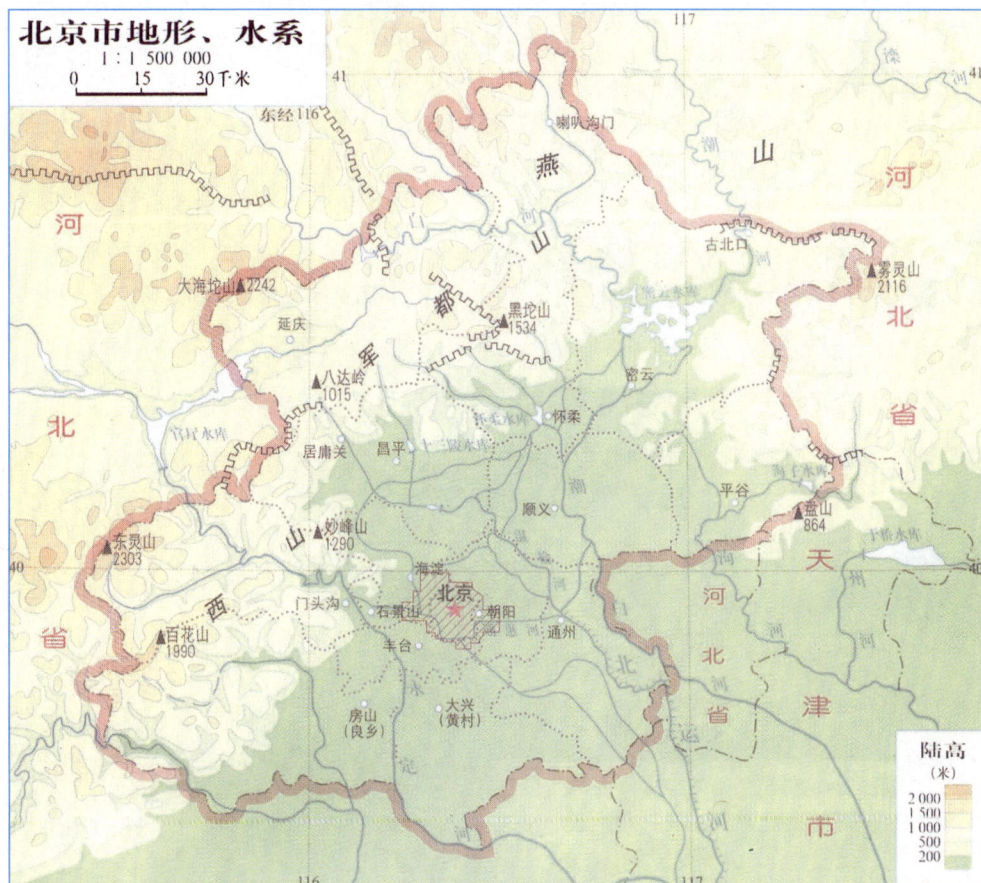

北京市地形与水系

思考5：根据图像信息说明为什么潮白河可以成为北京的饮用水源。

实践与思考

活动 1 考察北京水系的分布及与北京城的关系

活动任务

考察一个城市的水系，可以帮助我们了解水对城市形成和发展的影响。

活动准备

❶ 各种与城市水系相关的地图，如："北京市地形图""北京市气候统计图""北京市水系图"。

❷ 观察天气需要的各种仪器，如：温度湿度计、气压计等。

❸ 记录考察结果所需要的笔和笔记本。

活动步骤

❶ 做好考察前的准备工作，阅读"北京市地形分布图"，了解北京地形分布特征。

❷ 阅读"北京市气候统计图"，了解北京市所属气候类型和主要气候特征。

❸ 阅读"北京市地形分布图"，了解北京市主要水系；根据北京地形分布特征，说明河流流向；根据气候统计图，说明北京市河流的水文特征。

❹ 在水系分布图上明确考察路线，考察可以沿某一条河流或北京城北和城南的各一条河流的某个河段进行考察。

❺ 到达考察地时，观察当地的地形特征，包括：地势起伏状况、地形类

型等。同时记录观察结果，有绘画基础的同学可以绘制考察地地形地貌的素描示意图并标注考察地名称。

⑥ 观察当地当时的天气状况并将观察结果记录下来。一般观测天气应携带温度湿度计、气压计、风向风速仪等。如果携带仪器应记录具体观测数据，没有携带仪器可记录当时身体感受的气温状况，天气的阴晴，是否有降水，用丝巾、纸片简易估测风力和风向。

⑦ 观察沿途植被类型及分布状况并记录结果。

⑧ 观察河流沿线农业发展状况、工业分布状况、名胜古迹的分布状况等，并将观察结果记录下来。

⑨ 观察河流水质状况，如河流中是否有漂浮物，河水的颜色，河水是否清澈，水流的速度，河流的含沙量，针对不同季节还可观察河流水量的大小并分析这种变化与气候的关系，记录观察结果。

⑩ 通过地图和实地考察，明确北京城与水系的关系，特别是所考察河流与历代北京城的相对应关系。

思考6：在考察地观察当地的地形、气候、植被对河流有哪些影响。

活动 ② 永定河河谷军庄段地理环境考察

活动任务

❶ 永定河河谷军庄段地质、地貌考察；

❷ 永定河河谷军庄段水文考察；

观测河水流速，考察河流曲流、河漫滩和两岸阶地地貌。

活动准备

罗盘、地质锤、高度表、风速仪、温度湿度计、气压表、流速仪、数码相机、笔记本、绘图笔等。

活动步骤

❶ 永定河河谷军庄段地质、地貌考察

用目测法观测永定河军庄段河面宽度，两岸山峰的高度和坡度；在公路旁的岩层裸露处，用罗盘测量岩层的走向、倾向和倾角，从而推测出岩层受力情况和地质构造的形成；用地质锤采集石灰岩标本；用风速仪测定河谷地带的风向和风速；用温度计、气压计和湿度计分别测定河谷地带的气温、气压和湿度；观察山区植被覆盖状况；观察山区村落的分布、农业生产和土地利用状况，并分析其与地理环境的关系。将观察情况和观测数据分类记录。

❷ 永定河河谷军庄段水文考察

用流速仪测定河水的流速；肉眼观察河流曲流的分布及其与地形的关系；观察河漫滩和两岸阶地的分布，推测出地壳的升降运动情况。

思考7：永定河军庄段河水流速较快的原因是什么？河漫滩是怎样形成的？河流阶地又是怎样形成的？阶地地貌特征说明了什么？

活动 ③ 永定河河谷三家店段河谷地貌和水文考察

活动任务

❶ 永定河出山口处三家店段的河谷地貌考察：冲积扇平原地貌特征。

❷ 水文考察：河水流速观测；风向和风速观测；气温、气压和湿度观测；植被覆盖状况观测。

活动准备

罗盘、地质锤、高度表、风速仪、温度湿度计、气压表、流速仪、数码相机、笔记本、绘图笔等。

活动步骤

❶ 永定河出山口处三家店段的河谷地貌考察：冲积扇平原地貌特征

用目测法估算永定河三家店段的河面宽度，并与军庄段河面宽度数据进行对比，分析河道展宽的原因；观察永定河三家店段出山口处冲积扇平原的地貌特征和沉积物的构成成分。

❷ 永定河出山口处三家店段水文考察

用流速仪测定三家店段河水的流速，并与军庄段河水流速做对比，分析河水流速变缓的原因；用风速仪观测风向和风速，并将数据与军庄段的做对比，分析风向和风速变化的原因；用温度计、气压计和湿度计分别测定三家店段的气温、气压和湿度，记录数据；观察三家店河段的植被覆盖状况。

思考 8：永定河三家店段河水流速变缓的原因是什么？出山口处冲积扇平原的地貌和沉积物的构成有什么特点？

检测与评估

❶ 检测

1. 为什么说永定河是北京的母亲河？
2. 简述"无定河"到永定河的简单发展历程。
3. 永定河泛滥的基本原因有哪些？

❷ 评估

1. 永定河军庄段河谷两岸的山脉是何走向？属于什么地质构造？岩石按成因划分属于哪一类？

2. 用罗盘测量岩层的走向、倾向时，当走向的读数是北东30°或南西210°时，其岩层的倾向可能是（　　）。

     A．北东60°　　B．南东120°　　C．南西220°　　D．北西300°

3. 阅读"北京地形图"以及制作北京城区变迁的模型图，说明水系对北京城区形成的影响。

资料与信息

参考信息

老北京网：http://oldbeijing.org

提示与答案

阅读与思考

思考1：由于永定河在历史上多次泛滥改道，故被人们称为"无定河"。永定河历史上的多次泛滥成灾、河道迁徙，是其流域内的地形、气候、土壤和植被等自然因素综合作用的结果。永定河发源于黄土高原，上游流经山区，地表起伏大，黄土土质干燥疏松，而北方夏季暴雨集中，加上地表植被稀疏，很容易造成水土流失，使得永定河含沙量大，并且使下游泥沙淤积阻塞河道，洪水宣泄不畅，河流泛滥改道。

思考2：北京西山地区为以石灰岩为主的褶皱山地，呈东北—西南走向，地势总体来看是西北高、东南低，永定河顺应地势自西北向东南流，与褶皱山脉相交处切穿山脉，形成一连串的峡谷，宽谷和窄谷相间分布。

思考3：北京地形西北高、东南低，西山地区地势变化较大，使永定河在官厅山峡（官厅水库三家店段）河流流速较快；北京的气候特征是冬季寒冷干燥，夏季高温多雨，春季干旱多风沙。夏季降水集中且多以暴雨形式出现，降水量的季节变化和年际变化都很大，使永定河流量的季节变化和年际变化很大，出现暴涨暴落现象。由于北京西山地区植被覆盖较差，水土流失严重，使永定河含沙量增大，有"小黄河"之称。1698年前，由于永定河经常发生洪水泛滥，故称"无定河"。可见，永定河的水文特征与北京西山地区的地形、气候、植被等因素都有关系。

思考4：新中国成立后，在永定河上游修建了官厅水库，有效地调节了永定河流量的时空变化，使洪水不再泛滥，根治了永定河的水患。同时，官厅水库还发挥了发电、灌溉、为工业输送水源、水产养殖等综合效益。

思考5：潮白河发源于北京市的正北和西北方向，由西北和正北流向东南，处于北京的上水源，因此水质较好。

实践与思考

思考6：地形主要影响河流的流速，河段的宽窄；气候主要影响河流的水量大小、水量的季节变化、汛期出现的季节、是否有结冰期等；植被主要影响河流的含沙量。

思考7：永定河军庄段地处山区，峡谷较多，落差较大，故河水流速较快；河漫滩是在河流弯曲河段，由于河流凸岸为侵蚀环境，经河流的侧向侵蚀，将碎屑物质横向搬运至河流凹岸沉积下来而形成的；河流阶地是在地壳的一次次上升运动和河流不断的下切侵蚀过程中形成的，河流阶地的级数可以反映出当地地壳曾经发生的上升运动的次数和上升的幅度。

思考8：永定河三家店段河水流速变缓的原因：一，在河流的出山口处河道展宽，河水摆脱了高山峡谷的束缚；二，落差变小，故河水流速变缓。在出山口处的冲积扇平原，一般具有地表坡度较大、沉积物质构成大小混杂的特点。

检测与评估

1 检测

1. 第一，永定河的洪积冲积扇形成了北京湾平原。在这片平原上，北京的先民选择在永定河边的蓟丘一带建立居民点，修建蓟城，并慢慢发展壮大起来；第二，永定河流域的丰厚物产为北京城的建设和发展提供了水源、建材、燃料等物质保障；第三，永定河文化也为北京文化的生成和发展提供了基础。

2. 历史上，永定河曾多次泛滥，威胁北京城安危。据1949年前834年间的不完全统计，曾决口81次，漫溢59次，改河道9次。而元、明、清三朝均定都北京，对永定河的治理一直非常重视，自金元以来就注重修筑石景山至卢沟桥间永定河的东岸堤防，力求坚固。这样一来，永定河水出山之后再也不能在其洪积冲积扇上部自由迁摆，而只能向东南流去，固定在卢沟桥下。清初，永定河决口频繁，为患甚大。康熙皇帝为了京城的安全，在分析河流特性的基础上，力主筑堤束水。康熙三十七年（1698年），对无定河进行了大规模的治理。这次治理，强化和完善了石景山段的堤防，"石工数倍于前，固若坚城"；疏浚了下游河道一百四十五里，"自是浑流改注东北，无迁徙者垂四十年"。由于河道相对稳定，所以康熙皇帝赐名"永定河"，表达了希望无定河岁岁安澜的愿望。永定河之名由此开始使用，沿用至今。

3. 永定河的泛滥是人为因素所致，其上游多山地丘陵和黄土地，历史上广泛分布着茂密的森林。但在金、元、明清时期，因为北京城市建设对木材的大量需求和北京城市生活对木柴木炭的大量消费，永定河中上游流域的森林被砍伐殆尽。失去林木保护涵养的黄土地，被降雨、流水和大风直接侵蚀，水土流失现象加剧。

2 评估

1. 永定河军庄段河谷两岸山脉的走向为东北—西南向；属于褶皱构造；岩石按成因划分主要是沉积岩中的石灰岩。

2. B D

3. 北京水系开始选址在永定河的渡口处，也是永定河冲积扇的脊部，地势相对较高，后向东北方向迁移，至积水潭、"六海"位置。这里与大运河漕运码头相连，利于各地进京货物的运输。

城市风云 4

CHENGSHIFENGYUN

徐霞客的足迹遍及祖国的名山大川，他的研究成果也涉及了气候学和物候学的领域。

一个地区的气候特征是如何得出的？我们能否通过自己动手实践去发现自己所居住的城市存在哪些气象灾害？我们能否通过实地调查，用数据说明所在城市"热岛效应"的程度呢？让我们一起沿着徐霞客探索之路，去发现、探究城市的风云变幻吧！

阅读与思考

一、气候的要素

我们研究一个城市的气候，首先要了解它的气温和降水状况。以北京为例，其冬季气温较低，比较寒冷，最冷月（1月）低于0℃；自3月起，冰体逐步融化，呈现万物复苏的迹象；夏季高温炎热，最高气温出现在7月；秋季气温逐渐降低，树木开始落叶。

北京地区年降水总量约600多毫米。但季节分配差异极大，夏季是北京降水集中的时段，而冬季比较干燥。

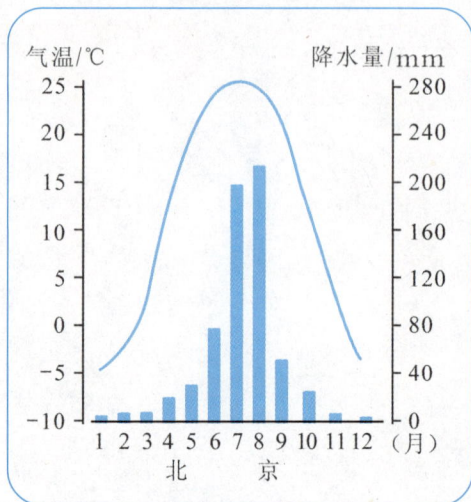

北京地区气温曲线—降水量柱状图

二、气候的特征

气温和降水的状况能够直接反映出一个地区的气候特征。从上述北京地区的气温和降水的特点看，北京的气候特征是夏季高温多雨，冬季寒冷干燥，大陆性气候特点突出，属于典型的温带大陆性季风气候。

三、气候的因素

一个区域气候特征的形成要受到多种自然因素和人类活动因素的影响。因地处39°N地区，北京属于温带气候类型，光热条件良好；由于海陆热力性质差异的影响，北京处于东亚季风气候区，夏季降水较充足。

思考1：何时是北京旅游的最佳时节，为什么？

四、灾害与问题

在了解了一个区域的气候特征及其影响因素后，我们通常还要深入分析本区域存在着哪些气象灾害和人类活动引起的大气环境问题，以便趋利除弊，更好地利用当地气候资源，防治气象灾害和避免大气环境问题的危害。

请同学们仔细观察下面的图片，并阅读相关资料，思考北京地区都有哪些气象灾害。

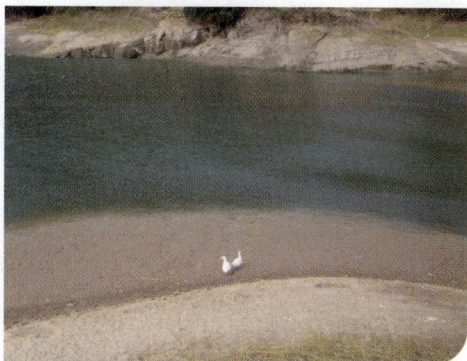

1. 每年到了春季，气温迅速回升，土质疏松，但同期降水稀少，出现春旱现象。当西伯利亚的冷空气频频南下时，常常出现沙尘暴和扬尘天气。

2. 夏季是北京地区的雨季，如果降雨持续时间长，强度大，降雨总量激增，河水猛涨，倘若排水不畅，容易出现洪涝灾害和城市内涝。

3. 冬季，气象部门经常发布大风降温的寒潮预警，24小时内气温下降10℃以上，并伴有5、6级的大风。

思考2：北京近年来降水不足，是否意味着不会出现强降水与洪涝，为什么？

随着区域经济的不断发展，城市规模的日益扩大，人类活动对气候和大气质量的影响越来越深刻。尤其城市是一个人口密集、交通发达、经济活动频繁的区域，大气环境质量已经发生重大变化，城市热岛效应加剧。例如，北京地区一年四季市区气温明显高于郊区县，

城市热岛效应示意

使得市区空气热力上升，郊区空气热力下沉，市区高空的空气流向郊区，把大量污染物扩散到郊区；而近地面的空气则形成了由郊区回流到市区的现象，使市区空气反复受到污染。

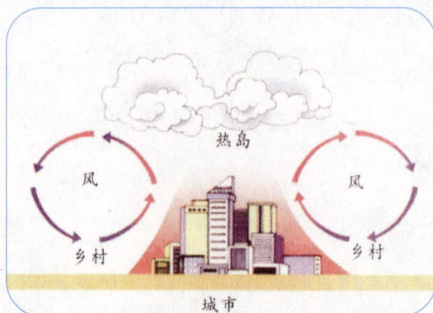

思考3：城市解决热岛效应的方案中有哪些具体的限排热量措施？有哪些降低市区温度和污染物浓度的具体措施？

空气质量受到气象条件和污染源排放的双重影响。污染物排放量是影响空气质量的根本因素，气象条件是决定一个区域大气自净能力的客观因素。污染物在水平方向上的扩散由风速决定，风速越大，污染物越容易扩散，风速小甚至静风时，污染物难以扩散，浓度累积达到高值。污染物在垂直方向的扩散受垂直方向上温度分布状况的影响，当地面空气温度高于高空中大气温度时，大气是不稳定的，在热力对流的作用下污染物向上扩散，地面污染物浓度降低；当高空中大气温度高于地面空气温度时，就形成了所谓的"逆温"现象，这时热力对流减弱甚至消失，大气状况变得稳定，污染物的垂直扩散受到抑制，地面污染物浓度累积升高。"静风""逆温"是使污染物累积达到高值的气象条件。据统计，北京每年只有60％的时间拥有有利于或比

较有利于污染物扩散的气象条件，40％的时间则不利于污染物的扩散。

此外，北京的地形特征也是影响本市空气质量水平的重要客观因素之一。北京是典型的"簸箕"状地形。当夏季中、低空吹偏南风或偏东风的时候，污染物在风的输送作用下易在山前的平原地区汇聚，使得市区污染物累积而浓度升高；当冬季中、低空吹偏北风的时候，北京北部地区的干净空气输入北京，使市区的污染物扩散出去，浓度降低。

五、资源的利用

当今，关于气候资源的利用问题日益受到人们的重视，特别是在城市，合理有效地利用气候资源已成为城市现代化的标志之一。

在北京市区，新建的住宅小区随处可见。新建的住宅大都有宽敞明亮的客厅和卧室，落地式的阳台玻璃窗，使冬季的阳光照到了各个角落，很好地利用了太阳能资源，节约了能源。

再把视线转到郊区，道路两旁的冬小麦正等待收获。利用北京地区全年热量比较充足的优势，农民秋季种植冬小麦，长出幼苗后，就进入了冬季的"停止生长期"，待到第二年的春季，小麦由黄转绿，初夏时节麦收即开始。

还有冬季的蔬菜大棚，那是北京郊区独特的风景线！冬季，阳光透过农用地膜，来到蔬菜大棚内，这些热量被保存在棚内，使作物能够顺利过冬，难怪北京冬季农贸市场上的瓜果蔬菜品种丰富多样呢！

我国的许多大城市都是缺水城市，北京更是如此。积极植树造林种草，利用降水有效地回补地下水，运用滴灌喷灌技术，实施节水农业项目和绿化工程，是北京利用气候资源的又一范例。

思考4： 你所生活的城市在利用气候资源上有哪些措施呢？

实践与思考

活动 **1** 气温的观测与绘制气温曲线图

活动任务

使用仪器每日观测气温数值4次，并能够计算日均温数值，绘制气温曲线图。

活动准备

百叶箱、气温表、记录本，2人一组。

活动步骤

❶ 将气温表放置百叶箱内。

❷ 确定一日内的观测次数及观测时间。

❸ 读表时,气温表和视线的连线与地表平行。

❹ 1人读数值,1人作记录。

❺ 计算日平均气温。

❻ 绘制气温曲线图。

活动提示

❶ 注意百叶箱距地面1.40米。

❷ 读数准确性。

❸ 读表时间一般确定为6时、10时、14时和18时。

❹ 绘图时力求数据准确。

❺ 数轴的长短应按黄金分割原则确定。

❻ 提前绘制好记录表格。

思考5:气温日较差的大小说明了什么问题?

活动 2　观测城市热岛效应与绘制气温等值线图

活动任务

使用仪器观测市区和郊区气温数值,并能够绘制全市日均温等值线分布图。

活动准备

全班同学参加，2人一组，记录并了解全市气象站点地理位置和交通线路。

活动步骤

① 确定一日内的次数及观测时间。

② 准时到达气象站，以保证各站点同时观测。

③ 读表时，气温表和视线的连线与地表平行。

④ 1人读数值，1人作记录。

⑤ 回校后绘制气温等值线分布图。

活动提示

① 读数准确性。

② 各地点读表时间要统一。

③ 绘图时力求数据准确。

④ 绘图时要先标注各点的数值，再连接气温等值线。

⑤ 提前绘制好记录表格。

思考6：分析气温等值线并不规则（呈同心圆状）的原因。

活动③ 测定城市大气物理数值

活动任务

利用各种仪器测定每个地点的温度、湿度、海拔高度、气压、风向、风速。

活动准备

课外地理小组同学参加（20人以内为宜），每组4人，记录本，空盒气压计、高程计、温度湿度计、轻便风向风速表。

活动步骤

❶ 读各种仪表仪器时，示数和视线的连线与地表平行。

❷ 1人读数值，1人作记录，1人管理仪器，1人控制过程。

❸ 选定测定地点，观察周围的典型地物，并记录在表格中。

❹ 利用空盒气压计测定气压，高程计测定高度，温度湿度计测定温度和湿度。

活动提示

❶ 读数准确性。

❷ 高程计测定高度时应注意：

考察出发前，根据当地的海拔高度调整高程计的初始读数，或到北京市的水准原点处调整高程计的初始读数为48.856 88米；

在天安门附近可以把高程计的初始读数调整为北京的标准海拔高度，即31米。

❸ 提前绘制好如下的记录表格，用以记录测定的各种数据。

测定地点	典型地物	海拔高度	温度	湿度	气压
地点1					
地点2					
地点3					
……					

活动 4 城市大气污染状况的数据跟踪和分析

活动任务

从城市环保局的网站下载近几年环境状况公报，并对相关信息进行数据处理和分析，从而得出城市的大气污染状况。

活动准备

计算机、网络环境，以个人或小组形式参加。

活动步骤

❶ 数据的获取：登录城市环保局网站，从"环境质量"网页上，下载1995年至今的所有环境状况公报和当年的空气质量月报。

❷ 从历年的环境状况公报中采集城市每年的可吸入颗粒物、二氧化硫、一氧化碳和二氧化氮数据，与国家规定的环境空气质量标准进行对比，判断污染情况。然后将4种污染物的数据按年份分别输入Excel软件，并进行作图分析，判断这些污染物的变化趋势，思考可能的原因。

❸ 从历年的环境状况公报中采集所在城市每年的大气降水年平均pH和酸雨频率，然后将这些数据按年份输入Excel软件，进行作图分析，判断近年来酸雨的变化趋势。

❹ 从环境状况公报中采集城市空气质量为二级和好于二级的天数比例，然后将这些数据按年份输入Excel软件，进行作图分析，判断近年空气质量变化趋势。

❺ 查阅当年的空气质量月报，找出造成环境问题的主要原因，并分析气候变化对每月首要污染物的影响。

❻ 综合分析上述数据，得出你对所研究城市大气状况的意见和建议，完成科研论文。

活动提示

❶ 本活动工作量大，且有一定难度，应及时寻求指导教师的辅导。

❷ 研究过程应遵循由定量到定性的科学研究态度与方法。

思考7：可吸入颗粒物是北京最为重要的污染形式之一，首钢搬迁之后对该项污染有何影响？

活动 5 "城市天气与生态美景"摄影与摄像比赛

活动任务

通过摄影和摄像反映城市天气与生态环境的巨大变迁。

活动准备

摄像机、照相机，以个人或小组形式参加。

活动步骤

❶ 在网上查找和学习有关摄影和摄像的相关知识，如景点的选择、角度的选取、曝光时间的长短、光线的选择等。

❷ 选择要进行摄影、摄像的区域，在城市地图上查找到该地及了解当地的地形、交通等状况。

❸ 准备使用器材，相机或摄像机，储存卡或胶卷，电池。

❹ 前往选定的地点进行摄影或摄像。

活动提示

① 收听、收看天气预报，选择适合户外摄影和摄像的最佳天气。

② 注意安全。

③ 做好后期展示和评比的准备工作。

④ 给摄影、摄像作品配上简洁的文字介绍或音频解说。

⑤ 在适当的时间集体展示和评比，给优胜者颁奖。

思考8：天气状况与摄影、摄像的效果有何关系？

检测与评估

① 检测

读统计图表，回答下列问题：

北京市空气质量达标天数（好于及等于二级）变化图

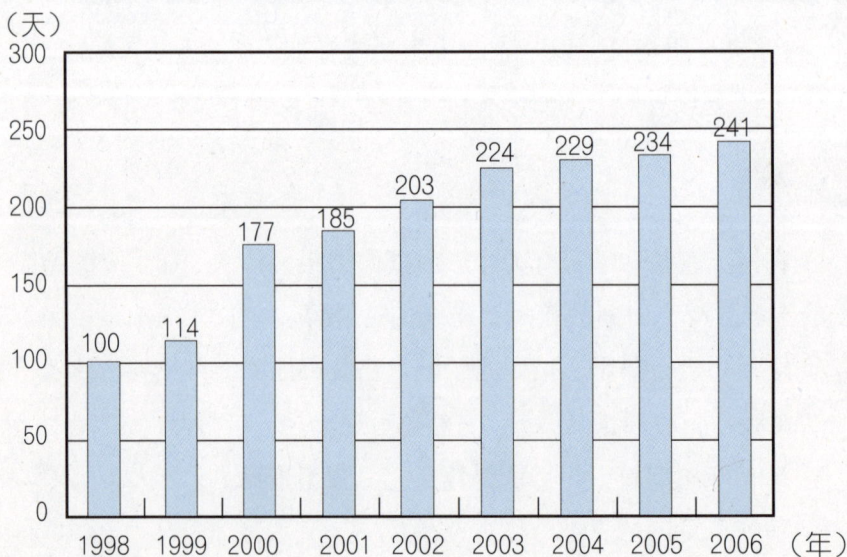

1．概括北京市空气质量的总体变化趋势。

2．简单分析产生上述变化的原因。

3．1999～2000年，北京市的空气质量为何出现了突变？

4．空气质量受到_____和_____的双重影响。

5．简析污染物累积达到高值的气象条件。

②评估

1．总悬浮颗粒物的英文缩写是_____。

2．在摄影、摄像时如何突出自然景观的美感？

资料与信息

参考资料

① 陈玲，赵建夫. 环境监测[M]. 北京：化学工业出版社，2004.

② 中国气象局. 中华人民共和国气象行业标准[M]. 北京：气象出版社，2003.

③ 中国气象局. 地面气象观测规范[M]. 北京：气象出版社，2000.

参考信息

① 北京市环境保护局：http://www.bjepb.gov.cn

② 中华人民共和国环境保护部：http://www.sepa.gov.cn

③ 中国环境监测评价网：http://www.chinajjjc.com

④ 北京电视台：http://www.btv.com.cn

提示与答案

阅读与思考

思考1：秋季。北京的秋季秋高气爽，没有典型的灾害性天气发生，气温适宜。植被和山湖景色多彩绚丽。

思考2：不是。因为北京的气候具有大陆性特征，大气降水的年际变化率极大，故不能麻痹大意。

　　思考3：将耗能多、产生热量大的工业企业迁到远郊区县；立法限制排放；更新设备，充分利用能源。植树造林种草，涵养水源，降低温度。

　　思考4：可以从光、热、水三方面去调查，参考书中案例。

实践与思考

　　思考5：说明同一气候区内部有大陆性和海洋性的差异。

　　思考6：应考虑地表物质组成的差异（水泥地面与林地）、功能区的差异（工业区、农业区及商业区）、地形类型的差异（平原区与山区）。

　　思考7：首钢在生产过程中，会产生粉尘等很多可吸入颗粒物。首钢搬迁后，将大大降低北京的该项污染，同时还能降低二氧化硫等污染物的排放。

　　思考8：光线的强弱、云量的多少会影响拍摄的效果；不同的季节、天气状况，景物的特点不同；有些景物的拍摄可能需要特定的时间和天气状况（如雾凇）。

检测与评估

① 检测

　　1．空气质量达标天数逐年增加，空气质量逐年改善。

　　2．大气污染物从排放源头得到了控制；植被覆盖率逐年得到提高。

　　3．为保证奥运会的申办成功，政府投巨资改善北京的大气质量，实施绿化美化工程。

　　4．气象条件　污染物排放

　　5．静风、逆温。

② 评估

　　1．TSP

　　2．自然景观的美感是多方面的，其中最主要的是形象美、色彩美、动态美和听觉美。在摄影、摄像时要抓住景观的特点，选取适当的时机和拍摄位置。

仁者乐山，智者乐水。"问奇于名山大川"是徐霞客自幼就立下的志愿。据粗略统计，徐霞客30余年共游历了653座山。

山是自然界的灵魂，也是一个地区经济发展不可或缺的部分。

对于城市而言，山是一道独特的风景。翻开北京地图可以看到，北京的西部和北部是连绵起伏的群山。让我们一起走进北京的山区……

阅读与思考

一、探秘山区

每个城市都会有山，北京就是一个多山的地区，共有山地10 418平方千米，约占全市面积的2/3。

岩石是构成山体的地质基础。基岩的性质对于地貌的特点和区域的差异有着重要的意义。徐霞客在他的考察过程中，曾对不同类型的岩性所塑造的山地地貌进行过深入而系统的描述。北京地区的山，由于成因和岩性等差异，在地貌类型上表现得十分繁杂，有褶皱山，也有断块山；有向斜山，也有背斜谷；有台岗地和丘陵，也有低山和中山；有雄伟的山峰，也有幽邃的峡谷，狭长的盆地等。这些不同的地貌类型，给北京的山增添了美丽的色彩和线条。

地球上的岩石，从成因上分大致有岩浆岩、变质岩和沉积岩三大类，其中沉积岩是在海底或湖底形成的，并且形成的时间非常长。不同时期的岩层中，往往保留着相应时期生活的各种生物的遗体，所以，生物化石是沉积岩地区所特有的珍宝，我们可以利用它们来了解该地区自然环境的变化情况。例如，有两位教授曾经在北京发现一块灰褐色的大石头，这块大石头经专家考证是一块蓝藻化石。这说明，10亿年前的北京是一片汪洋！

岩石在地壳运动中再一次出露地面时，就成了我们探秘地球的"钥匙"。例如，如果沉积岩层在年代上出现时断时续的缺失现象，这表明这里出现过海陆变迁，在缺失沉积岩层的年代里，这里是陆地。如果某层沉积岩上覆盖着火山岩，则表明这里曾有火山活动。北京有很多的地质遗迹，例如：房山区周口店太平山北坡距今约73万~92万年的太平山组下更新统标准剖面、石景山区模式口第四纪冰川遗迹、延庆县八达岭距今约8 500万~19 500万年的玻基辉橄岩墙、房山区牛口峪旋卷构造等。

山区中有很多洞穴。北京的山洞主要有三种类型：一是以岩溶发育为基础的溶洞，又称喀斯特洞穴；二是各类岩体崩塌洞，即在节理、裂隙、断层和重力控制下的侵蚀崩塌洞穴；三是各种崩塌的岩块，搬运到一定地段所构成的堆积型支架洞。北京地区的洞穴在空间发育和地域分布上有很大差异，主要表现在：西山地区比北山地区洞穴数量多、密度大、规模雄伟、景物多姿。特别是喀斯特溶洞中的化学堆积景观，如西山的石钟乳、石笋、石柱等，比北山地区洞穴景观的发育更为齐全、完善，这是由两者的古环境（主要是岩性和水量）差异所造成的。一般而言，北京地区岩层厚度大、质纯、含杂质少、节理粗大、水流通道条件好、溶蚀侵蚀作用比较强烈，形成的溶洞不仅洞体规模大，而且有多种类型的化学沉积景观，如石花洞、银狐洞、白塔林洞等。

思考1：考察山区时，应当关注哪些地理事物和特征？

二、开发山区

大面积的山地，给风景旅游提供了内容丰富的载体。从人文角度来划分，风景名山一般包括历史名山、文化名山、宗教名山、政治名山、军事名山等；从自然属性的角度来说，有地理名山、地质名山、气候名山以及以生物、植被而著名的山，如：北京的松山、百花山等。

山区有丰富的自然资源，尤其是矿产资源，例如北京西部的京西煤矿。建国后，京西煤矿为北京市，特别是为首都钢铁公司提供了大量优质的煤炭资源。北京的铁矿主要分布在北部山区，储量比较丰富，如怀柔县铁矿储量近5 000万吨，年产精铁粉10余万吨。北京西部和北部山区普遍分布有丰富的用于各种工业的石灰岩，总储量达10亿吨，是北京建材业的支柱。北京的金矿主要分布在北部山区，它是我国几个大金矿集中分布区之一。北京山区的岩浆岩、变质岩和地壳断裂活动分布较普遍，具有形成优质饮用矿泉水的条件。

但是，长期的开采对京西的森林和草场资源破坏严重，使得区域内生态环境受到严重破坏，同时也直接加重了北京地区沙尘暴的危害程度。

进入新世纪后，北京市政府对北京未来的发展做出了整体规划，明确了西部和北部山区发展的方向——以保护北京生态环境为主要任务，并积极调整自身的产业结构，以林业、旅游业、生态农业和绿色农业为先导，限制煤炭工业和建材业的发展。山区将真正成为北京的绿色屏障。截止到2006年底，北京山区林木覆盖率已达到69.52%，未来几年内，全市山区林木覆盖率将达到70%以上。另外，为了保护北京山区环境，北京将充分利用外省区的石油与天然气资源以及内蒙古的优质煤炭资源，充分利用河北和山东的建筑石材。

如今，当你再次步入北京的山区，山水更加美丽，人民更加富裕，环境更加美好。昔日污染严重、荒山秃岭、生活贫困的山区已逐步变成山水、产业、人民生活和谐发展的新型乡村。

思考2：北京山区发展的主导产业应当是哪些？

实践与思考

活动 ① 调查门头沟区的煤炭和林业发展状况

活动任务

一个地区的资源开发往往与当地的环境保护相冲突，矛盾是怎样产生的？影响有多大？又该如何解决呢？

了解北京地区煤炭资源的开发情况，以及由此给北京市的自然环境带来的问题。

北京地区自然资源分布图、北京煤炭资源开发情况的相关资料、北京市环境问题的相关资料。

活动步骤

❶登录门头沟区政府网站，了解近年来煤炭的生产量变化，并绘制统计图。

❷了解小煤窑关停并转的具体情况。

❸调查区内森林覆盖率的变化及其原因。

❹到北京市发展和改革委员会有关部门调查北京市近年来能源消费结构的变化。

❺到北京市环保局了解近年来沙尘暴发生的频率，及其与京西植被覆盖率变化的关系。

❻写出相关调查报告。

思考3：北京山区特色农业资源开发应当采取怎样的"双赢"方案？

活动 ❷ 北京山区历史文化名村名镇（琉璃河）的社会调查

活动任务

山区的发展应当不仅局限于自然资源，新的发展形式会带来意想不到的效果。以北京为例，让我们一起来了解北京山区新型经济的发展情况，并对比新旧经济发展模式下的经济效益和环境效益。

活动准备

北京地区旅游等级分布图、北京地区旅游等资源分布图、现代旅游业相关资料、琉璃河地区的相关资料。

活动步骤

❶ 中国皇家琉璃之乡原有支柱产业的调查。重点调查琉璃瓦生产的所需原料，以及生产对环境的破坏。

❷ 该乡旅游业六大类型（农业观光型、民俗文化型、农业公园型、科普教育型、湿地休闲型、森林"氧吧"型）的主要特色、分布地区、经济效益及环境效益。

❸ 绘制该乡绿色农业、生态农业、六大旅游业的分布简图，并拍摄照片。

❹ 调查目前琉璃瓦产业的生产状况和调整状况。

❺ 对比新旧经济发展模式下的经济效益和环境效益。

❻ 写出相关调查报告。

思考4：山区经济发展为什么将环境效益与林业、绿色农业、生态农业及旅游业相结合？

检测与评估

❶ 检测

1．简述北京地区的地形特点。

2．现在北京山区大力发展的主导产业有哪些？

3．北京山区应重点控制的产业有哪些？为什么？

2 评估

1．简述湿地休闲型旅游和森林"氧吧"型旅游的价值。

2．如何才能既承传琉璃瓦烧制的文化传统，又减少大气环境污染？

资料与信息

参考资料

① 北京市人民政府．北京市"十五"时期新农村建设发展规划，2001．

② 北京市人民政府．北京市"十一五"时期新农村建设发展规划，2006．

③ 卢云亭．北京周边风光旅游科学指南[M]．北京：中国林业出版社，1999．

提示与答案

阅读与思考

思考1：岩石的岩性、化石、地质构造、山洞、地形特征等。

思考2：以特色果林为主的高效种植业；以牛、羊等草食家畜为重点的养殖业；以休闲旅游为重点的二、三产业。

实践与思考

思考3：近期、中长期重点开发与保护的特色农业资源，如燕山板栗、怀柔柴鸡蛋等；从国家层面上获得政策支持；增加对北京山区特色农业资源发展的投入；建立北京山区特色农产品原产地保护制度；建立健全特色农业资源社会服务化体系；逐步启动特色农业资源发展的科研项目；建设重点特色农产品有机标准化生产基地。

思考4：山区地势起伏大，如果区域内降水较多或突发式暴雨频繁，植被因工矿业受到破坏，易造成水土流失，使生态环境恶化。相反，发展林业、绿色农业、生态农业及旅游业有利于水土的保持，既有可观的经济效益，同时又可产生良好的环境效益。

检测与评估

1 检测

1. 北京地区的地形特点是地形类型多样，西部和北部为山区，东南部为平原，其中山区面积较广。总体来说，西北高，东南低。

2. 现在北京山区大力发展的主导产业是旅游业、生态和绿色农业、林业。

3. 主要控制煤炭工业和建材工业。因为这两项产业对大气和植被有较大的破坏作用，会影响区域整体生态环境的质量。

2 评估

1. 湿地休闲型旅游是对传统旅游项目的发展，有利于发挥"地球之肾"的过滤作用、调节气候的作用、为珍稀水禽提供栖息地的作用；森林"氧吧"型旅游的价值在于改善大气质量——增加氧气、吸收污染物、增加湿度等，缓解温室效应。

2. 加快研制琉璃瓦生产的新工艺，减少生产过程中污染物的排放；开发利用新能源。

《徐霞客游记》中多处记录了勤劳、智慧的古人对天然水的综合利用，随着社会、经济的发展，人们对水的利用更加广泛。为了满足城市用水的需求，除了充分利用自然水系的水源外，有些城市还修建了规模宏大的人工水系。

这些人工水系不仅对历代都市生活的诸多方面产生过重要影响，还一直在为改善城市小气候，美化城市环境作贡献，发挥着"城市之肺"的作用。但是高密度的人口、飞速发展的经济在影响和威胁着这些水系。

阅读与思考

　　河流是人类文明和城市文明的发祥地。随着社会的发展，人们通过修建一些人工水系来弥补自然水系的不足，满足对水资源不断增长的需求。北京有哪些人工水系？这些人工水系发挥着哪些功能呢？

一、六海

　　六海指后三海（西海、后海、前海）和前三海（北海、中海、南海）六个相互连通的湖泊组成的庞大水系。六海原是永定河（高粱河）故道的洼地，后因蓄水而形成了湖泊，金代称白莲潭；至元二十九年春，忽必烈采纳水利专家郭守敬的规划方案，引昌平白浮诸泉入大都西门水关，扩充积水潭容积，使水由万宁桥流向东南，出城东水关，经大通桥直至通州。至此，京杭大运河的漕船可以径直驶至京城中心，后三海成为大运河的终端码头。元代将其北部称积水潭或海子，南部称太液池（只有北海和中海，没有南海）；民国时期北部称什刹西海、什刹后海、什刹前海，简称西海、后海、前海，南部则称北海、中海和南海（中海、南海又合称中南海），大致形成现在六海之格局。

　　思考1：前三海和后三海的用途有何不同？

二、两大水库

　　京杭大运河等人工水利工程的建设，既增强了北京与南方之间的货运能力，又为我们留下了珍贵的物质遗产和精神财富。之后，为了更好的利用水资源，满足需求，北京又修建了密云水库、官厅水库、怀柔水库、十三陵水库、永定河引水

工程、京密引水工程、潮河干渠，正在建设南水北调中线工程。其中，密云水库、官厅水库为最大的两个水库。

密云水库位于密云县城北13千米处，坐落于燕山群峰之中，横跨潮、白两河，建于1958年9月至1960年9月。水库占地33.6万亩，库容43.8亿立方米，是亚洲最大的人工湖，有"燕山明珠"之称。主要建筑有挡水的白河主坝、潮河主坝和5道副坝、2条输水隧洞、3个大型溢洪洞、2座发电站、1座大型调节池和1条密云至北京城区的引水渠。该水库担负着供应北京、天津及河北省部分地区工农业用水和生活用水的任务，是首都最重要的水源。

官厅水库位于河北省张家口市和北京市延庆县界内，大部分库区在河北省怀来县境内，因大坝修建在官厅镇附近而得名。1951年10月动工，1954年5月竣工。水库面积290平方千米，总库容41.6亿立方米，建有1座主坝，1座溢洪道、1条输水洞。通过永定河引水工程，将水引入城区。

思考2：两大水库对北京的发展有什么意义？

三、护城河

金中都城和元大都城的四周均有护城河，今德胜门外的土城沟便是元大都护城河的遗迹。明朝军队攻占元大都后，为加强防守，于1371年将元大都北城墙南移，将高粱河、积水潭（太平湖部分）作为北护城河。1419年，又将元大都南城墙南移，新开挖护城河（即前三门护城河）。东、西护城河则仍按元代旧址，只是分别向南伸延使之与前三门护城河接通。此后，在修筑外城城墙时，又开挖了外城护城河（即今南护城河），并将各条护城河的水汇集到东便门，经大通

北京护城河

桥入通惠河。至此，北京形成了与城墙相配套的护城河格局。据1953年的测算，北京护城河的总长度为41.19千米。历史上，北京护城河不仅具有输水、排水、保障城市安全的功能，而且在交通、运输、观光游览、美化环境等方面都发挥过良好的作用。

思考3：如今的护城河在功能上有哪些改变？

实践与思考

活动 1 参观城市污水处理厂并完成调查报告

活动任务

了解城市污水的来源及城市污水的处理过程。

活动准备

城市交通图、记录本（或调查报告）、相机（摄像机）等。

活动步骤

❶ 联系城市污水处理厂的工业旅游项目处洽谈参观事宜。

❷ 带好记录用品，活动小组同学按约定好的时间到达城市污水处理厂。

❸ 在城市污水处理厂参观，听厂史、厂况和污水处理过程的介绍。参观沉淀池、净化池，观察污水如何被净化。

❹ 上网搜索城市其他污水处理厂的情况和城市准备新建的污水处理厂项目。

❺ 完成城市污水处理厂污水处理方法的调查报告，在报告中可以提出对污水处理新方法的建议和对污水处理的设想。

思考4：城市污水处理厂（以北京市的高碑店污水处理厂为例）的主要贡献是什么呢？

活动 ❷ 社区污水处理和中水使用情况调查

活动任务

了解城市中某一社区的污水处理情况以及中水的使用情况。

活动准备

小区平面图（或白纸）。

活动步骤

❶ 走访自己所在小区的物业部门和周围小区的物业部门，了解小区的污水处理情况。

❷ 调查自己周边的小区，了解有没有垃圾和污水随意排放的情况。

❸ 进一步展开调查，了解污水的来源和可能的原因。

❹ 绘制小区地图，标出小区地下排水管线的分布图，同时将垃圾堆放点和污水随意排放的地点标在分布图上。

❺ 根据污水分布图思考如何减少污水随意排放的现象，提出可行性建议，并完成科研调查论文。

❻ 走访小区的物业部门和居民了解小区中水的使用情况，同时调查在中水使用中遇到的问题。

❼ 绘制中水使用的路线图，根据路线图给物业部门的相关人员提出使用中水的合理化建议。

❽ 绘制关于中水使用益处的海报，张贴在小区的合适位置，并向居民宣传使用中水的优点。

思考5：我们为什么倡导合理使用中水？

活动 3 城市人工水域水质调查

活动任务

采集城市人工水域的水样，进行水质检测，了解城市人工水域的水质状况。

水银温度计、水样采集器、250毫升锥形瓶、酒精灯、火柴或打火机、三角架和石棉网、纯净水500毫升（或无色透明的水500毫升）、pH试纸、城市地图。

❶ 查阅城市地图确定调查路线，大体确定采集水样的地点。

❷ 调查小组成员到达预设目的地，展开具体的水样采集和检测。（注意安全，防止掉到水中。）

❸ 测量水温。

测定表面水温应选用水银温度计。测量时，将温度计插入水面下20~50厘米处，保证时间不少于3分钟（以获得稳定的读数）。提出水面后立即读取水温值，温度记录应精确至0.1℃。（根据国家标准地面水环境质量标准GB 3838-2002规定，人为造成的水温变化应限制在：周平均最大温升≤1℃，周平均最大温降≤2℃。）

❹ 采集水样。

用锥形瓶和绳索制作简单的水样采集器，在城市人工水域的不同位置（如游人聚集处、僻静处等）分别采集表层的水样。将取样瓶浸入水面下20~50厘米处，打开瓶塞，将水样采入瓶中。

❺ 臭与味的鉴别。

臭与味是检验饮用水、地表水等水质的基本项目之一，可用于评价水处理的效果、控制水处理过程中的加药量和追查污染源。

臭的文字描述法：量取100毫升水样置于250毫升的锥形瓶内，调节水的温度至20±2℃或煮沸稍冷后闻水的气味，用适当文字描述，并参照后面的表格记录其强度。

味道的文字描述法：一般仅用于测定极清洁的水或已经消毒的水的味道。分别将水温调至室温和40℃，尝其味道，用"正常""涩""甜"

臭和味强度等级

等 级	强 度	说 明
0	无	无任何臭味
1	微弱	一般难于察觉，嗅、味觉敏感者可以察觉
2	弱	一般刚能察觉
3	明显	已能明显察觉
4	强	有很明显的臭味
5	很强	有强烈的恶臭或异味

"咸""碘味"或"氯味"等文字进行描述。

⑥ 鉴别颜色。

水质标准中对颜色的规定主要基于水不能引起饮用者感官上的不快。颜色的鉴别可以采用稀释倍数法（GB11903-89）。先过滤掉水样中的悬浮物，然后用无色水逐级稀释，当稀释到接近无色时，记录稀释倍数，以此作为水样的色度，单位为"倍"。同时用文字描述废水的颜色，如棕黄色、深绿色、浅蓝色等。

⑦ 测量水的pH。

pH是最常用和最重要的水质指标之一。GB3838-2002规定，地表水标准限值为6~9，此范围内的水不影响人的正常饮用，也不会对设备和管道产生不良影响。一般使用pH试纸测量水样的pH。

思考6：通过上述的实验，你对城市人工水域（六海）的水质有什么总体的评价？如果城市人工水域（六海）的水质情况不乐观，原因可能是什么？你将给出什么样的建设性建议呢？

检测与评估

❶ 检测

1. 按从南到北的顺序写出北京六海的名称。

2. 北京的两大水库是什么?

3. 环绕紫禁城外围的护城河建成于哪个朝代?

❷ 评估

1. 鉴别水样的颜色时,我们采用＿＿＿＿＿＿＿＿＿＿法。测量水温的目的是为了防止＿＿＿＿＿＿＿＿＿＿。

2. 你所在的城市有哪些污水处理厂?分布于何处?处理污水的能力如何?

3. 你所在的城市中水的使用状况(用量、用途等)如何?

4. 你所在的城市有哪些人工水系(或水域),水质状况如何?

资料与信息

参考资料

❶ 宋业林. 水质化验实用手册[M]. 北京:中国石化出版社,2003.

❷ 陈玲,赵建夫. 环境监测[M]. 北京:化学工业出版社,2004.

❸ 王国惠. 水分析化学[M]. 北京:化学工业出版社,2006.

参考信息

❶ 北京市环境保护局:http://www.bjepb.gov.cn

❷ 美丽什刹海:http://www.shichahai.com

提示与答案

阅读与思考

思考1:前三海为政治中心和皇家园林,后三海是民间娱乐区域和商业区域。

思考2：主要为北京及周边地区提供工农业用水和生活用水，同时也具有其他效益。

思考3：如今的护城河主要在观光游览、美化环境等方面起作用，其运输、保障城市安全等功能在削弱甚至消失。

实践与思考

思考4：高碑店污水处理厂对解决北京市中心区及东郊地区的水污染问题起到了决定性作用，处理后的水回流至通惠河后，对还清通惠河有实际功效，对海河的治理也具有深远意义。

思考5：北京市是严重缺水的地区，合理使用中水将大大减少水资源的浪费。

思考6：根据水样的味道、颜色等，可以对六海水质作出"优""良""差""很差"的判断。如果六海的水质情况不乐观，可能是受到了旅游和周围居民生活污水的过度排放的影响。要想改善六海水质，必须解决源头问题，即减少或断绝污染物的排放。

检测与评估

1 检测

1．北京六海依次为南海、中海、北海、前海、后海、西海。

2．北京的两大水库是官厅水库、密云水库。

3．明代

2 评估

1．稀释倍数　热污染

2．略。

3．略。

4．略。

南来北往

NANLAIBEIWANG 7

《徐霞客游记》对各地水路的舟楫航运和陆路的骡马驮运有很多记述。随着生产力的提高和科学技术的发展，交通方式已经由手提肩扛、牲畜驮运发展为现代化的运输。

对于人口集中的城市而言，人们的出行活动十分频繁，对交通运输工具的依赖程度较高。北京的交通是如何规划的？北京的内外部交通环境有怎样的改善呢？

阅读与思考

　　城市的交通运输是不断发展变化的。那么，北京市的交通运输是如何发展变化的？未来的交通运输要如何适应城市发展的需要呢？

一、古代蓟城与交通

　　北魏地理学家郦道元在其著作《水经注》中提出，蓟城的西北隅有一个土丘，称为蓟丘，蓟城以此命名。在自战国至辽这一漫长的历史时期中，蓟城一直是北方的军事经济重镇。燕国的蓟，秦广阳郡、汉广阳国、隋涿郡、唐幽州，以及辽的南京城、金的中都城，都是蓟城的延续和发展。

北京城建城与发展的地理条件

思考1：交通条件对城市的形成和发展有怎样的影响？

二、大运河与北京城

　　没有大运河，就没有北京城。她不仅给北京城带来了建城的基石，也带来了无数的粮食和物资，无数的商人和文人。

大运河又称京杭大运河，是世界上开凿时间最早、流程最长的一条人工运河。大运河创始于春秋时期，历经岁月的积累，直至1293年（元世祖至元三十年），终于形成一条由杭州直达北京、全长1 794千米、纵贯南北的人工大运河，跨越今北京、天津、河北、山东、江苏、浙江四省二市，贯通了钱塘江、长江、淮河、黄河、海河五大水系。

在不同的历史时期，大运河的北部终点码头是不同的。金代以前，大运河只修到通县张家湾，货物上岸后改为陆运。元大都建成后，著名科学家郭守敬将白浮泉向西引，在西山脚下汇合诸泉再南引，入瓮山泊（昆明湖），最终汇入积水潭。有了水源后，郭守敬又主持开通大运河的最后一段——通惠河，大运河终于伸入北京城，积水潭成了"船舻蔽水"的运河北部终点。明清以后水源枯竭，通惠河缩短到东便门外，航运极不畅通，运河北部终点改到东便门外大通桥处。直至19世纪末，漕运才逐渐被铁路、公路取代。

思考2：漕运被铁路、公路取代的原因有哪些？

三、现代都市与交通

1. 外部交通条件及其发展

航空：首都国际机场位于市区东北方向的顺义区，距市区中心约25千米，是大型的、现代化的、具有国际和国内枢纽双重功能的综合性枢纽机场。根据城市及区域发展的需要，北京市将选择在北京的东南部或南部建设首都第二机场。

铁路：北京铁路枢纽现有京山、京九、京广、京原、丰沙、京包、京通、京承、京秦、大秦线10条干线，并规划建设有京沪、京广、京哈客运专线和京津区域快速铁路。

公路：以北京为中心向四周呈辐射状的国道共有12条，分别可到沈阳、天津、哈尔滨、广州、珠海、南京、福州、昆明等地。北京有九条高速公路：八达岭高速路、首都机场高速路、京沈高速路、京津塘高速路、京石高速路、京张高速路、京承高速路、京哈高速路、京开高速路。

2．内部交通状况及规划

城市道路系统：中心城道路系统仍保持方格网与环路、放射线相结合的布局，路网由快速路、主干路、次干路和支路组成。北京市规划建设的城市快速路网由二环、三环、四环、五环、六环以及15条城市快速联络线组成。

轨道交通系统：由地铁、轻轨、市郊铁路等多种方式组成的快速轨道交通网将覆盖中心城范围，并连接外围的通州、顺义、亦庄、大兴、房山、昌平等新城。2020年将建成轨道交通线路19条（中心城线路15条，市郊线路4条）。

地面公交系统：确立公交优先的交通发展战略，推行低票价政策，提高公共交通的吸引力。在中心城和新城之间建设快速公交走廊，设置大容量地面快速公交线路。结合轨道交通车站规划，在客流集中的区域建设公共交通枢纽，中心城规划33处，每个重点新城规划2~3处，其他新城规划1~2处。

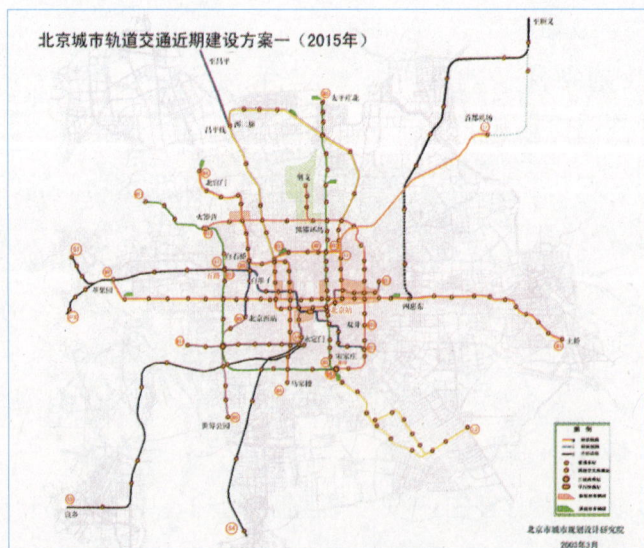

北京城市轨道交通近期建设方案一(2015年)

思考3：北京为什么要确立公交优先的交通发展战略？

实践与思考

活动 1 调查城市城区某路口车流量并完成调查报告

活动任务

调查城市城区某十字路口某时间段的车流量，估算一分钟、一天、一年内该路口的车流量，了解城市的道路交通状况。

活动准备

城市交通图、记录本、手表。

活动步骤

❶ 将参与调查的同学分组，8人一组，2人一小组。

❷ 选取附近某个相对繁忙路段的十字路口作为调查对象。

❸ 在城市交通图上找到此处的位置，明确到达此处的交通路线。

❹ 每一组的4个小组分别选取十字路口的不同位置进行调查：

（1）每小组的2人进行分工，一人负责计算通过该路口的车辆数量，另一个负责计时和记录。

（2）选定不同时段（如上下班高峰时、中午时分等），统计每10分钟、每半小时通过该路口的车辆数量，并做好记录。

（3）观察路口红、绿灯的设置状况是否合理，提出自己的建议。

（4）估算一分钟、一天、一年内该路口的车流量。

⑤ 完成调查报告。

思考4：密集的车流对城市交通和环境会带来哪些影响？

活动 ② 汽车尾气造成颗粒物污染的研究

活动任务

研究汽车尾气中的颗粒物质。

活动准备

白布、手表。

活动步骤

❶ 准备一块白布和手表；并确定一辆用做研究的汽车。

❷ 将白布包在汽车尾气管的出口上，扎紧，起动汽车，并记下时间，注意观察白布的情况。当白布基本变成黑色时，记录下此段时间t_1。

❸ 选择不同种类的汽车（如使用1~2年的新车）重复上述实验，测试时间均为t_1，观察白布变黑的情况。由此区分不同种类的汽车的污染程度。

❹ 选取相同种类、不同使用时间的汽车（比如1、3、5、7、9、11年的汽车），重复上述实验，了解不同使用时间的汽车的污染情况。

⑤ 上网查询关于汽车尾气的污染和防治的知识，根据这些知识和自己的上述研究提出减少汽车尾气污染的建议，并完成相关的论文。

思考 5：汽车尾气的主要污染物有哪些？

活动 3 绘制城市交通发展网络图

活动任务

调查城市自古至今交通的发展变化，并绘制城市交通发展网络图，了解城市道路及交通方式的发展变化情况。

活动准备

城市现代交通图、城市交通规划图、空白的城市市区轮廓图。

活动步骤

❶ 打印出城市市区轮廓图（也可以使用空白的城市市区轮廓图）。

❷ 对照城市现代交通图，在城市市区轮廓图中用不同颜色标绘出主要环路（北京市标出二环路、三环路、四环路、五环路、六环路），在网上查找这些环路建成通车的时间并在图上标明。

❸ 对照城市现代交通图，在城市市区轮廓图中标绘出主要放射路（北京市标出机场高速、京承高速、八达岭高速、京石高速、京开高速、京津塘高速、京沈高速等）、南北干路（北京市标出中轴路、白颐路等）、东西干路（北京市标出长安街及其延长线、平安大街等）。

④ 在城市现代交通图中查找城市主要的火车站，并在城市市区轮廓图中标出主要火车站的位置（北京市标出北京站、北京西站、北京南站、北京北站等）。

⑤ 在城市现代交通图中查找主要的长途汽车客运站，并在城市市区轮廓图中标出它们的位置（北京市标出八王坟、六里桥、木樨地、德胜门、西直门等）。

⑥ 在城市交通规划图、发改委网站上查找城市轨道交通的建设情况，并把城市轨道交通线路（包括已建成的、在建的、规划建设的）及其建成通车时间在城市市区轮廓图中用不同颜色标出。

⑦ 展示和交流成果。

思考6：城市轨道交通有哪些优缺点？

检测与评估

① 检测

1. 简述最早的北京城（蓟城）的交通区位。
2. 简述大运河对古代北京城的意义。
3. 大运河的北端在今天北京的什么地方？
4. 北京市的道路交通呈何种格局？
5. 北京市的轨道交通是如何发展的？

② 评估

1. 你所在城市的交通状况如何？对于改善你所在城市的交通状况和

减轻交通污染，你有哪些建议？

2．你所在城市汽车尾气排放执行的是何种标准？这种标准对汽车尾气的各种污染物的排放有哪些具体的指标？

3．你所在城市的道路网呈何种格局？这样的格局是如何形成的？有哪些优缺点？

资料与信息

参考信息

① 中国京杭大运河博物馆：http://www.canal-museum.cn

② 京报网：http://www.bjd.com.cn

③ 中国网：http://www.china.com.cn

④ 水信息网：http://www.hwcc.com.cn

⑤ 北京市交通网：http://www.bjjtw.gov.cn

⑥ 北京市发展和改革委员会：http://www.bjpc.gov.cn

提示与答案

阅读与思考

思考1：城市趋向分布于交通便利的地方；在不同的交通运输时代，城市形成的位置有所不同；交通的发展变化会给城市的分布与发展带来很大的影响。

思考2：水源枯竭，河道淤积，河运速度慢，现代交通方式的发展变化等。

思考3：改善交通拥堵状况，方便普通市民出行。

实践与思考

思考4：交通拥堵和环境污染。

思考5：一氧化碳、碳氢化合物、氮氧化合物、二氧化硫、烟尘微粒（某些重金属化合物、铅化合物、黑烟及油雾）、臭气（甲醛等）。

思考6：有快捷、准时、不受气象条件影响等优点；但存在投资大、易受地质条件影响、机动灵活性差等不足。

检测与评估

❶ 检测

1. 最早的北京城——蓟位于永定河渡口，是古代中原地区通过南口、古北口和山海关北上蒙古高原和东北平原三条大道的分歧点。

2. 不仅给北京城带来了建城的砖，也带来了无数的粮食和物资，无数的商人和文人。

3. 大运河的北部终点在北京，不同历史时期，大运河的北部终点码头也不同。金代以前，大运河只修到通县张家湾。元大都建成后，大运河从通县张家湾伸入北京城，积水潭成了"船舻蔽水"的运河北部终点。明清以后，运河北部终点改设在东便门外大通桥处。

4. 方格网与环路、放射线相结合的布局。

5. 一线（1号线）→环线（2号线）→13号线（轻轨）→八通线→由地铁、轻轨、市郊铁路等多种方式组成的快速轨道交通网。

❷ 评估

1. 略。

2. 略。

3. 略。

城市名片 8

每个城市都有能代表其文化特征并具有传承价值的事物，这些事物可以视为该城市的名片。故宫、四合院是北京的名片；天桥的杂耍、胡同的小贩吆喝是北京的名片……随着时代的发展，北京还会不断涌现出新的名片。保留以往的名片，创造新的名片，是北京人的心愿。

阅读与思考

徐霞客重视实地考察，对当地的标志性景点的考察尤其仔细，描绘极其精确。徐霞客在考察丽江时，对当地最有名的古刹——解脱林（福国寺）作了如下描述："寺当山半，东向，以翠屏为案，乃丽江之首刹，即玉龙寺之在雪山者，不及也。寺门庑阶级皆极整，而中殿不宏，佛像亦不高巨，然崇饰庄严，壁宇清洁，皆他处所无。正殿之后，层台高拱，上建法云阁，八角层甍，极其宏丽，内置万历时所赐藏经焉。阁前有两庑，余寓南庑殿阁周围的廊屋中。两庑之外，南有圆殿，以茅为顶，而中实砖盘。佛像乃白石刻成者，甚古而精致。中止一像，而无旁列，甚得清净之意。其前即斋堂香积也。北亦有圆阁一座，而上启层窗，阁前有楼三楹，雕窗文槅，俱饰以金碧，乃木公燕憩之处，扃而不开。其前即设宴之所也。其净室在寺右上坡，门亦东向，有堂三重，皆不甚宏敞，四面环垣仅及肩，然乔松连幄，颇饶烟霞之气。闻由此而上，有拱寿台、狮子崖，以迫于校雠，俱不及登。"以上徐霞客描述的解脱林，即今天的丽江黑龙潭公园五凤楼景区，是当地最具特色的古建筑，也是当地的"名片"之一。其描述之精细，可见一斑。

我们居住的城市又有哪些特色"名片"呢？让我们学习徐霞客仔细精确的描述方法，一起去寻找古都北京的"名片"吧！

一、皇家御苑

作为金、元、明、清几个朝代的首都，历代统治者都在北京营建皇宫御苑，皇家园林可以称为北京的城市名片。

中国的宫殿与西方皇宫建筑有明显的不同，中国的宫殿以占据地面的阔度、深度、兼之相当的高度来体现它的气魄，以伸向空中的高度来显示它的雄伟。故宫古建筑群，红墙黄瓦，金碧辉煌，规模之大，构造之严谨，装饰之精美，文物之众多，在中国古建筑中绝无仅有，是扬名于世界的皇宫建筑群。

在紫禁城之西，有太液池环筑，分为北海、中海、南海三部分，称为前三海，往北则是西海、后海、前海，称为后三海。元代时期，后三海成为大运河的终端码头。

北京西郊还分布着"三山五园"，其中最著名的是圆明园和颐和园。

圆明园位于北京西郊海淀区北面的一片平原上，始建于清康熙四十六年（1707年），历时150余年，建成圆明、长春、绮春 三园，统称圆明园，是世界上唯一一处兼具东西方风格的园林建筑群，被誉为"万园之园"。1860年，英法联军占领北京，圆明园惨遭劫掠和焚毁。

北京西郊有我国现存规模最大、保存最完整的皇家园林——颐和园，是慈禧太后在乾隆时期清漪园的基础上改建的，园中主要建筑均环绕着昆明湖和万寿山，是一座以杭州西湖风景为蓝本，汲取江南园林的手法而建成的皇家行宫御苑。1998年，颐和园被联合国教科文组织列入《世界遗产名录》。

思考1：北京的皇家建筑有哪些？

二、王府宅第

恭王府模型——最豪华的四合院

王府宅第是北京的又一城市名片，其屋顶以绿色琉璃瓦覆盖，可以称得上最豪华的四合院。北京现存王府19座，其中亲王府15座，郡王府4座。

其中，保留最好的是恭王府。恭王府位于西城区柳荫街甲14号，建于1776年，当时是清代乾隆朝大学士和珅的私宅。嘉庆四年（1799年），和珅获罪赐死后，嘉庆皇帝将此宅赐给庆郡王，改称庆王府。咸丰元年（1851年）改为恭王府（恭亲王奕䜣在此居住）。恭王府换过三代主人，留下了多元的文化遗迹，有"一座恭王府，半部清朝史"之称。

恭王府的建筑，分为府邸和花园两部分。1982年，恭王府被列为全国重点文物保护单位。

思考2：北京保存完好的王府都有哪些？

三、胡同、四合院

旧时的北京，除了紫禁城、皇家苑囿、王府衙署及寺观庙坛外，便是数不清的百姓住宅。《日下旧闻考》中引元人诗云："云开闾阖三千丈，雾暗楼台百万家。"这"百万家"的住宅，便是如今所说的北京四合院。过去，北京城是由无数大大小小的四合院背靠背，面对面，平排并列有序地组成的。为方便出入，每排院落间留出通道，就成了胡同。

"胡同和四合院是构成北京旧城风貌的基本元素，也是老北京的魂。"著名古建专家王世仁说，"四合院不仅是北京的建筑文化精髓，更透着这个城市独特的精气神儿。"因此我们说，胡同和四合院也是北京的特色名片。

元代，北京就开始有了大大小小的胡同，明清时不断增多，古人曾这样形容道："有名胡同三百六，无名胡同似牛毛"。

近100多年的时间里，北京的胡同容纳养育了很多政治家、思想家、科学家、艺术家、作家和画家。康有为、谭嗣同、孙中山、宋庆龄、李大钊、鲁迅、茅盾、郭沫若、老舍、梅兰芳、程砚秋、徐悲鸿等都在胡同里留下了他们生活的印记。

四合院是北京的特色建筑，所谓"四合"，"四"是指在东、西、南、北四面盖房子，"合"即将四面房屋围在一起，形成一个院子，合者，和也。旧时四合院，四世同堂，和亲和美，其乐融融。

四合院的建筑格局通常是门偏东而建，门也分几种规格，像金柱大门、广亮大门、蛮子门、如意门等，住宅及其大门直接显示了主人的社会地位，所谓"门当户对"就是这个意思。

随着北京旧城的改造，许多胡同和四合院失去了以往的模样。目前，被贴上"保护"标签的北京四合院有1 000多个。近年来，北京相继修订完成了《北京旧城25片历史文化保护区保护规划》《北京皇城保护规划》《北京历史文化名城保护规划》，这些规划构建起文物保护单位、历史文

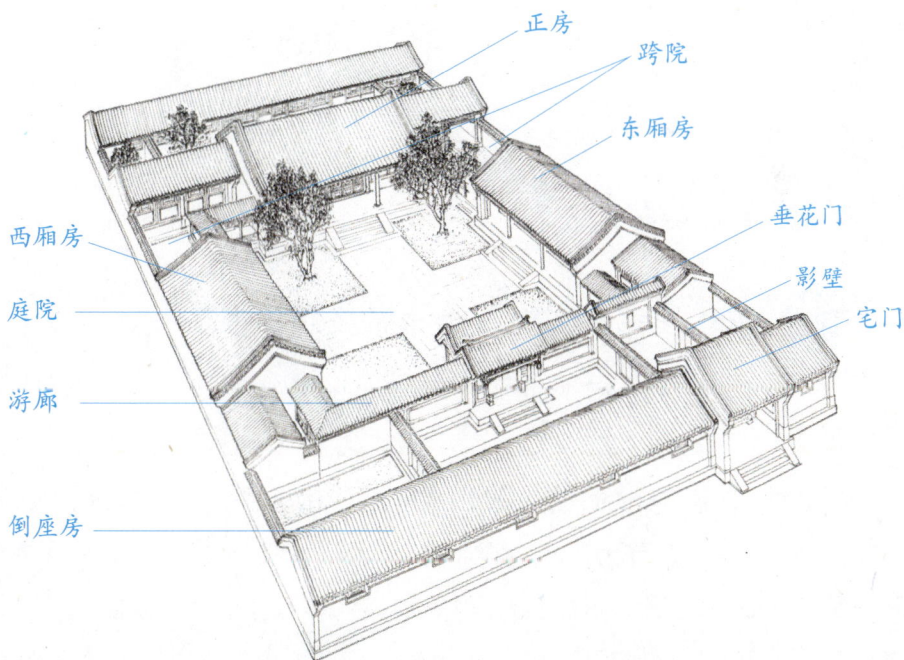

典型四合院的建筑格局

化保护区、历史文化名城三个层次分明的保护格局。

思考3：随着北京旧城的改造，昔日的胡同、四合院被鳞次栉比的高楼大厦所取代。在城市迅速发展的今天，如何更好地保护"北京的名片"？

四、会馆文化

北京作为封建都城的首都，是科举考试的重要场所，今宣武区辖区有近代各省修建的会馆。比较著名的有南海会馆、浏阳会馆、新会会馆、绍兴会馆等，形成了独具特色的宣南文化。

思考4：北京著名的会馆还有哪些？

实践与思考

活动 ① 设计北京市文物古迹旅游线路手册

活动任务

许多城市吸引游人的一个重要因素就是它有着历史悠久和文化积淀深厚的文物古迹。北京作为千年古都，有着丰富的文物古迹，但对于不熟悉北京及其历史的人而言，面对数不胜数的古代建筑，应当如何根据自己的兴趣和时间来安排旅游行程呢？这是一个令不少人困惑的问题。我们一起用徐霞客坚持不懈、不怕困难的精神来帮助他们解决这个难题吧！

北京市地图、调查问卷。

❶ 在网上或书中查找关于北京市文物古建筑的相关资料，并在北京市地图上按照建筑类别用不同的符号标注出来。

❷ 走访北京市文物研究所的相关研究工作者，将同一类古建筑作深入比较，明确每一类别中最具特色和价值的几个文物古迹，对有很大参观价值的文物进行详细调查。

❸ 对游人作问卷调查，了解他们对文物古迹的兴趣点。

❹ 按照自己的风格特点，将调查的情况制作成一个有特色的文物古迹旅游方便手册。

名称	历代帝王庙	地址及位置	北京市西城区阜成门内大街13 号	票价	20元
周边环境及乘车路线	庙宇南临阜成门内大街，因妙应寺白塔、广济寺、北海、中南海、景山都在街道两侧，故亦称阜景文化街。乘13、101、102、103、823、812、814路车到白塔寺站下车，向东路北即到。				
级别	●全国重点文物保护单位　○级文物保护单位　○地（市）级文物保护单位 ○县（市）级文物保护单位　○未定				
年代	□旧石器时代　　　□新石器时代　　　□夏商周（含春秋）　□战国秦汉 □三国两晋南北朝　□隋唐五代　　　　□宋辽金元　　　　■明代 ■清代　　　　　　□近现代　　　　　□不详				
类 别	○遗址	○洞穴址　　○聚落址　　○城址　　○窑址　　○窖藏址 ○矿冶遗址　○古战场　　○驿站古道遗址　○军事设施遗址 ○桥梁码头遗址　○祭祀遗址　○水下遗址　○水利设施遗址 ○寺庙遗址　○宫殿衙署遗址　○其他古遗址			
	○古墓葬	○帝王陵寝　　○名人或贵族墓　○通墓葬　○其他古墓葬			
	●古建筑	○城垣城楼　○宫殿府邸　○宅第民居　●坛庙祠堂　○衙署官邸 ○学堂书院　○驿站会馆　○店铺作坊　○牌坊影壁　○亭台楼阙 ○寺观塔幢　○苑囿园林　○桥涵码头　○堤坝渠堰　○池塘井泉 ○其他古建筑			
	○石窟寺及石刻	○石窟寺　○摩崖石刻　○碑刻　○石雕　○岩画 ○其他石刻			

类别	○近现代重要史迹及代表性建筑	○重要历史事件和重要机构旧址 ○重要历史事件及人物活动纪念地　○名人故、旧居 ○传统民居　○宗教建筑　○人墓　○工业建筑及附属物 ○金融商贸建筑　○水利设施及附属物　○烈士墓 ○文化教育建筑及附属物　○医疗卫生建筑 ○军事建筑及设施　○交通道路设施 ○典型风格建筑或构筑物 ○其他近现代重要史迹及代表性建
	○其他	
简介		历代帝王庙位于北京阜成门内大街，始建于明代嘉靖九年（1530年），清代屡有修葺，距今已有四百七十多年的历史。它是明清两朝祭祀三皇五帝、历代帝王和功臣名将的一座皇家庙宇。现存建筑有影壁、山门钟楼、景德门、碑亭、景德崇圣殿及配殿等建筑。主殿为景德崇圣殿，黄琉璃瓦重檐庑殿顶，和玺彩画，殿前有汉白玉月台。历代帝王庙为明清祭祀历代帝王的神庙。
保存现状	现状评估	●好　○好　　○一般　　○较差　　○差
	是否被占用及占用目的	曾被159中学占用，现已搬迁。 经过全面修缮，并恢复陈设、举办展览向社会开放。
损毁原因	自然因素	□地震 □水灾 □火灾 □生物破坏 □污染 □雷电 □风灾 □泥石流 □冰雹 □腐蚀 □沙漠化 ■其他自然因素
	人为因素	□战争动乱　　□生产生活活动　□盗掘盗窃 □不合理利用 □违规发掘修缮 ■年久失修　　□其他人为因素

思考5：你认为在制作文物古迹旅游方便手册的过程中，应注意什么？

活动 2　发出"保护和腾退北京市文物古建筑"的倡议书

徐霞客非常重视文物古迹的保护：

第一，反对把文物古迹改作他用；

第二，反对在文物古迹处任意刻画；

第三，主张以法规保护名胜古迹。

早在300多年前，徐霞客就已经重视文物古迹的保护，他的认识是超前的，徐霞客不愧为该领域的先哲，其主张至今仍值得借鉴。

活动任务

　　许多城市有大量的文物保护单位被不合理占用，其中包括国家级文物保护单位。北京也存在着文物古迹被占用的现象。请根据前面的调查结果，举出文物古迹被占用的详细数据，最终完成"保护和腾退北京市文物建筑"的倡议书，倡议书中应包含对保护和开发北京市文物古迹建筑的具体建议。

活动准备

　　北京市地图、数码相机。

活动步骤

❶ 结合活动1在北京市地图上找到北京市文物古迹，并按照不同区域分类。

❷ 结合活动1分组调查被不合理占用的文物保护单位，进行采访、拍照。

❸ 根据前面的调查结果，举出文物被占用的详细数据，写出调查报告，完成"保护和腾退北京市文物古迹"的倡议书。

　　思考6：请你按照紧迫程度分别列出急需保护和开发的文物的前十名。

活动 ③ 烟袋斜街及后海北岸旅游业的开发价值和发展前景的调查

活动任务

　　每个城市中都有很多旅游景点被开发、被保护，也存在许多开发不善或者还有待开发的地方，我们可以去调查一下它们的开发价值和发展前景。乘车或骑车到地安门外大街，向西穿过烟袋斜街到达银锭桥，沿后海北岸经广化寺、望海楼、醇王府、宋庆龄故居，到达后海，调查烟袋斜街及后海北岸旅游业的开发价值和发展前景。

昔日的烟袋斜街

今日的后海北岸

活动准备

罗盘、绘图纸、数码相机。

活动步骤

❶ 利用罗盘测定方向，用步幅测量距离，在绘图纸上按一定的比例绘制出后海北岸及烟袋斜街、银锭桥等文化旅游景点分布示意图。

❷ 考察烟袋斜街民居、店铺、庙宇的历史演变，银锭桥建成的年代，桥梁建筑结构的风格特点，及其在历史上所起的作用。

❸ 参观访问后海北岸的广化寺、望海楼、醇王府、宋庆龄故居、后海夹道等文化景观，了解目前后海北岸文化古迹的开发利用情况。

❹ 拍摄后海北岸烟袋斜街、银锭桥、广化寺、望海楼、醇王府、宋庆龄故居、后海夹道等文化景点，用影像资料记录和展示传统文化。

❺ 完成调查报告：分析与评估烟袋斜街及后海北岸旅游业的开发价值和发展前景。

思考7：烟袋斜街这一名称的由来是什么？

检测与评估

❶ 检测
1. 北京的皇家御苑有哪些？
2. 列举在北京四合院居住过的名人。
3. 如何理解"一座恭王府，半部清朝史"这句话的含义？

❷ 评估
1. 如何设计考察古代建筑的调查问卷？
2. 调查报告应如何撰写？

资料与信息

参考资料
① 罗哲文．北京的历史文化[M]．北京：北京大学出版社，2004.
② 张肇基．北京四合院[M]．北京：北京美术摄影出版社，1993.

参考信息
① 颐和园：http://www.summerpalace-china.com
② 圆明园：http://www.yuanmingyuanpark.com
③ 胡同网：http://www.hottoo.net
④ 恭王府：http://www.pgm.org.cn
⑤ 北京文化网：http://www.oldbj.com

提示与答案

阅读与思考

思考1：天坛、十三陵、历代帝王庙等。

思考2：恭亲王府、醇亲王府、老醇亲王府、孚郡王府、雍亲王府、礼亲王府、庆亲王府、淳亲王府。

思考3：加强宣传，进行文物保护教育；政府部门高度重视，不随意拆迁，不随意占用；文物保护要做到修旧如旧，尽可能保持文物的本来面貌；文物保护经费须充足；腾退、修复已被占用破坏的文物等。

实践与思考

思考5：注意古建筑旅游景点的介绍、旅游线路要准确、设计做工要精美、地图绘制要清晰、旅游注意事项要详实。

思考6：根据自己的调查结果来列举，没有固定答案。

思考7：烟袋斜街东起地安门外大街，西至小石碑胡同与鸦儿胡同相连，东北—西南走向，全长232米。此街原名"鼓楼斜街"，清末改称"烟袋斜街"。烟袋斜街这一名称的由来有二：第一，斜街本身像一只烟袋，东头入口像烟袋嘴儿，街道像烟袋杆儿，西头入口折向南边，通往银锭桥，像烟袋锅儿；第二，烟袋斜街上的烟袋铺，大都是高台阶，门前竖一个木制大烟袋当幌子，黑色的烟袋杆儿，金色的烟袋锅儿，非常形象生动。

检测与评估

1 检测

1．紫禁城、颐和园、圆明园、北海等。

2．康有为、谭嗣同、孙中山、宋庆龄、李大钊、鲁迅、茅盾、郭沫若、老舍、梅兰芳、程砚秋、徐悲鸿等。

3．恭王府建于1776年，当时是清代乾隆朝大学士和珅的私宅。嘉庆四年（1799年），和珅获罪赐死后，嘉庆皇帝将此宅赐庆郡王，改称庆王府。咸丰元年（1851年）改为恭王府。恭王府换过3代主人，留下了多元的文化遗迹，故有"一座恭王府，半部清朝史"之称。

2 评估

1．调查问卷一般包括前言、主体和结束语三部分。

前言置于问卷的开头，用来说明调查的目的、意义以及填答问卷的要求等内容。

主体部分包括调查的问题、回答的格式，以及回答问题的指导语和说明等内容，它是问卷的主要组成部分。

结束语一般是对被调查者表示感谢，也可以征询被调查者对问卷设计和问卷调查的看法和感受。

考察古代建筑的调查问卷的设计可以参考"实践与思考"中的活动1。

2. 调查报告一般由标题、内容摘要、正文、结尾等几部分组成。

标题是画龙点睛之笔，须做到高度概括、题文相符。

内容摘要主要包括以下三方面内容：第一，简要说明调查目的；第二，简要介绍调查对象和调查内容，包括调查时间、地点、对象、范围、调查要点及所要解答的问题；第三，简要介绍调查研究的方法。

正文是调查报告的主要部分。必须准确阐明全部相关论据，包括提出问题、引出结论和论证的全部过程，分析研究问题的方法等。

结尾部分应概括全文，深化主题，得出结论，并提出自己的看法和建议。

名城是名人的摇篮，是名人的荟萃之地。名城与名人，相得益彰。很多城市都有自己引为骄傲的名人。在北京香山的墓地转一下，你就会发现，仅此一地就长眠着四十余位在中国近现代历史上有着重要影响的人物，有李大钊、佟麟阁、梁启超、梅兰芳等。方圆几平方千米的地区，却汇集着如此之多的名人之墓，这在全国也属少见，从侧面反映出北京地域文化的雄厚。

其产主义运动 李大钊 不朽

小平题

一九八三年十月一日

赵纫兰同志墓   李大钊烈士墓

1889—1927

阅读与思考

北京城、北京的各界名人和北京独有的胡同及四合院，这三者相互吸引，相互影响、相互促进，形成了令其他城市难以媲美的京城名人群。受历史上几度变化的北京城市职能和发展方向的制约和影响，可按三个时间段将其分为：帝都北京的政治名人群，文化北平的文化名人群和首都北京的全方位名人群。

一、古都北京的政治名人群

古代的北京，一直以政治中心为主，从设黄金台广募天下才俊的燕昭王起，北京的政治名人就不断涌现。帝都出现的名人，多是政治人物。中国两千年的帝王史，北京就占了近千年，所以，北京名人首先要提的是著名的数十位帝王天子。辽金之后，北京成为王朝首都，帝王有海陵王、元世祖、永乐大帝，"康乾盛世"时期的康熙、雍正、乾隆，末朝天子崇祯、溥仪，皇后有孝贞、慈禧等。另外，皇亲国戚，公侯伯男散布于京师各地。清军进京，将北京的汉人驱出内城，北京的内城成为八旗子弟的天下。八大铁帽子王，贝勒贝子府，留下无尽的辉煌和惆怅。

有君即有臣，北京的贤臣良将无数，有善始善终的耶律楚材、张居正、刘墉等，也有"留取丹心照汗青"的文天祥、于谦、袁崇焕。他们的住所往往成为后人寄情励志的场所。当然，也有王振、魏忠贤、和珅等佞臣贼子。清末，中国的近代化举步维艰，但依然涌现出无数的名人为之前赴后继，鞠躬尽瘁。蔡元培、陈独秀、胡适等人开启了"新文化运动"，通过"五四运动"揭开了中国新民主主义革命的序幕。也有来自各地的"指点江山，激扬文字"的莘莘学子，留下了各种青春的脚印。

在中国，文人与文臣是人生的两面，政治上无论是得意还是失意，都可以成为文人骚客。北京是文化古城，历来是文人学者聚集的地方。历代封建王朝实行的科举选士制度、官僚制度，以及后来北京成为首都，自然而然使北京成为文人最集中的地方。元代有关汉卿、马致远等元曲大家，清朝有纳兰性德、曹雪芹等，近代有曾国藩、左宗棠、李鸿章、张之洞，康有为、梁启超、谭嗣同、孙中山就更不必说了。新文化运动中的各派人物，哪个不是在京城登上舞台，真是"我方唱罢你登场"。另外，一些边缘角色，如画家、演员、记者、报人、票友、侠客等，共同演绎了京城千年的故事。

思考1：帝都北京的名人具有什么特点？

二、文化北平的文化名人群

进入20世纪20年代，南方风起云涌的革命浪潮，映衬出北京的沉闷和守旧。1928年后，南京成为首都，北京成为北平特别市。各个政府机关"连锅端"，北平成了空架子。清朝遗留的王爷贝勒，八旗的遗老遗少，都放下了架子，到处低价出租房屋，典当各色玩意儿。上海滩是冒险家的乐园，北京是买卖奇珍异玩的圣地。同时，原先为官府服务的庞大人群也失去了服务对象。一时间，北平的地、人、物等

新文化运动的标志
——北京大学的"红楼"

情绪和价格都低落下来。唯一保留下来的是清末和北洋政府时期的各大学校，教授和学生们感受到了首都政治压力消失和物价下落带来的轻松氛围，北平成了文人的天堂。时人曾流传这样一句话：南京是中国的政治首都，上海是中国的经济首都，北京则是中国的文化首都。

"北大老，师大穷，燕京清华好通融，辅仁是座和尚庙，六根不净莫报名。"这是民国时期民间流行的歌谣，概括了北平五大学府的基本特征。这些在新文化运动中兴起和聚集的学术教育群体，终于得以暂时脱离政治首都的压抑气氛，由于没有经济首都的繁华浮躁，留下的是京师旧有的氛围和节

奏。对清末民国初年的激愤冲突进行反思后，学术界的部分人士冷静下来，学术气息开始浓郁，学者心态逐渐平稳，形成了20世纪二三十年代独有的"文化北平"现象，中国现代主要的文人学者，多在这一时期，在北平，达到创作高峰。与这一时期活跃的上海学术界、文艺界相比，北平多了一份朴实厚重，也多了些许沉闷。

思考2：是什么原因使北平成为文化首都？

三、共和国首都北京的全方位名人群和名人的足迹

1949年新中国成立后，北平重新成为北京——中国的政治、经济、文化中心，各界精英荟萃于此。北京的各项事业蓬勃发展，其中发展最快的是科

宋庆龄故居

学文教事业，一批批朝气蓬勃同时具有深厚文化素养的优秀年轻人被培养出来。北京的名人数量出现全方位、几何数的爆炸性增长，这种增长一直持续到今天，并将延续下去。同时，开放的北京吸引了越来越多的外国人士，国际化的北京必然会使国际化的人才云集在此。

人类创造了环境，环境也影响了人类。北京的历代名人基本都生活在皇城根儿下，四合院中，形成文化层层堆积的现象，名人故居散布之多之广，举世罕见。清朝时期，城南成为文人墨客和进京赶考的举子居住的场所，老北京的会馆大多数都集中在宣武区，那里有琉璃厂、旧书古玩、天桥把式游戏，形成南城名人故居聚集地。而北方最有代表性的住所——四合院，为北京的名人提供了恰当的活动空间。

北京的名人故居可分三类：一类是中国当代革命史上名人居住过的宅院；另一类是近代和当代的文化名人居住过的宅院；第三类是历史上有名的人如李莲英、段祺瑞、张作霖等的住宅。目前，北京的名人故居有几百处，被列入国家重点文物保护单位的有3处，列入北京市文物保护单位的有16处，还有18处名人故居被列为区县级文物保护单位，很多名人故居还是爱国主义教育基地。耳熟能详的有：宋庆龄故居、郭沫若故居、鲁迅故居、李大钊故居、康有为故居、梅兰芳故居、齐白石故居、老舍故居、茅盾故居等。北京名人故居的保护工作经历了一个曲折的过程。随着城市开发热潮的兴起，北京许多名人故居也曾面临被毁的"厄运"。但自北京申办奥运成功后，人文奥运理念日渐深入人心，全市的文物保护工作得到了政府与社会各界的高度重视，文化底蕴深厚的名人故居也得到了有效的保护。近年来，北京市不断增加资金投入，很多名人故居经过修缮后陆续对外开放。可以预见的是，北京名人故居的保护利用，将同时面临着机遇和挑战。

思考3：你的住所周围是否有名人故居？你能找到它们吗？

实践与思考

活动 1 访谈相关人士

活动任务

调查是研究名人现象的必用手段，徐霞客穷其毕生精力，求真求实，深入田野乡间，对当时各地的居民生活、风俗人情、少数民族的聚落分布、土司之间的战争兼并等事进行了考察和记述，其中内容多为正史所未记录。所以，《徐霞客游记》被后人誉为"世间真文字、大文字、奇文字"。历史由两部分构成，一是硬性的文字材料——历史的原始档案，二是由历史的记录者将人们口口相传的"历史"——"口述历史"记录下来的文字记录。英国学者托什指出："口述史的主要意义不在于它是什么真实的历史或作为社会团体政治意图的表达手段，而在于它证明了人们的历史意识是怎样形成的。"

活动准备

采访和调查有严格的程序和规范。采访前的准备：先设计访谈提纲。访谈提纲一般包括：确定访谈调查目的，访员，访谈对象，访谈时间，访谈地点，访谈种类，访谈记录方式，访谈报告方式。如果是标准化访谈，必须使用组织统一设计的访谈问卷；如果是非标准化访谈，提纲则无须有严格的分类和固定的回答方式，但必须把与调查主题相关的主要项目和问题列出，问题要简练、明确。需要注意的是，历史访谈的内容特殊，访谈对象往往要回忆久远的事件和人物，所以必须提前交给访谈对象拟好访谈提纲，虽无需细化到每个问题，但对于重大问题，必须让访谈对象有所准备。

活动步骤

❶ 对不同采访对象的采访

（1）对历史场景回忆人的采访

这是同学们采访最多的一类，它主要反映了普通人在历史环境中的感受，允许学生去了解本地区和感兴趣的事情。

（2）采访重大历史事件的参与者

这类采访占少数，不仅因为重大历史事件的参与者较少，也因为有些历史事件的参与者对采访比较敏感，有的甚至反感于此。但有的被采访者则会表现出配合的态度。

（3）对专业历史学者的采访

这种采访比较少见，而且制定访谈目的和访谈方向具有一定的挑战性，关键在于把被访谈者视为什么角色，是历史经历者还是历史学家。同学们往往视其为历史学家，却把他（她）当做历史经历者来采访，造成错位。

❷ 采访后的整理和归纳

采访时，经常发现被访谈者所谈内容与书本历史不符，比如有人在谈到历史名人时的叙述与主流认识感受明显不符。不能说其叙述是假的，但可能具有片面性。所以教师须要求每个学生挑选一个与课程内容相关的事件，至少采访两个经历该事件的人。在采访中，学生常常会发现，他们的采访对象会刻意对令人痛苦的话题加以掩饰。在另一些场合，有些人则会夸大或夸耀他们所参与的某个历史事件。为了减少这些内在的人为偏向对学生认识的影响，学生们必须以第二手资料和原始资料如历史原著、期刊上的文章以及特定时期的报纸来为采访提供依据。这些不同的资料为学生探讨超出课本和课堂教学范围的复杂的历史事件提供了工具。

最后，教师要求学生去做历史访谈，以此作为其学期论文，并在课堂讨论中介绍他们的成果，共享知识，同时，也可以加深大家对历史名人的共同感受。

思考 4：访谈的基本技巧有哪些？

活动 2 参观北京名人故居

活动任务

　　名人故居往往是市区级文物保护单位，所以，对文物知识要有一定的了解，《辞海》中对文物的解释是："遗存在社会上或埋藏在地下的历史文化遗物，一般包括：

　　（1）与重大历史事件、革命运动和重要人物有关的、具有纪念意义和历史价值的建筑物、遗址、纪念物等；

　　（2）具有历史、艺术、科学价值的古文化遗址、古墓群、古建筑、石窟寺、石刻等；

　　（3）各时代有价值的艺术品、工艺美术品；

　　（4）革命文献资料以及具有历史、艺术和科学价值的古旧图书资料；

　　（5）反映各时代社会制度、社会生产、社会生活的代表性实物。"

　　所以，在参观前、参观时以及参观后，都要积极地学习，丰富自己的文物知识。

活动准备

　　对自己要去参观和考察的遗址、博物馆等内容做必要的知识准备，查找资料，提前对即将考察的对象进行文献检索，阅读相关的文字图像资料，如能找到考察过的有关人士进行询问则更好。随后要设计考察方案，包括路线、考察重点和要提出的问题等。总之，只有精心准备，才能有高效的考察。

活动步骤

在考察过程中，要充分利用好一切有利条件，如讲解员、当事人和旁观者，以及对此类文物和遗址有专门研究的人员。选择多种视角，对考察对象进行全方位的观察和分析。既要根据自己的考察预案进行考察，也要根据具体情况灵活机动地调整。总之，要真正认真地去考察，决不能走马观花，并且做好文字和声像的纪录。

最后，对考察的收获须落实到文字上，认真撰写考察报告，否则将前功尽弃。学生对历史的认识，是建立在一定数量的信息积累和反复思考质疑的基础上的，所以，学习身边的历史（历史文物参观类），也要进行相当多的考察分析和归纳总结。只有这样，才能培养起对历史的兴趣，也才能真正懂得历史。

活动 3 绘制名人故居地图

活动任务

在前面两项活动的基础上，可在局部地图上制作名人故居地图，并找出其中的规律和问题。

活动准备

针对某一具体对象或者区域，确定方向和范围，并准备相应的地图（最好有空白较多的图纸），如有电子地图更好。

活动步骤

在网上或书中查找北京市名人故居的相关资料，并在北京市地图上按照类别，用不同符号标注出来，进行相应探究。

检测与评估

❶ 检测

1. 写出古代北京历史名人的基本类型及特点。

2. "在北京，人生活在文化之中，却同时又生活在大自然之内，城市生活集高度之舒适与园林生活之美，融合为一体，保存而未失，犹如在有理想的城市，头脑思想得到刺激，心灵情绪得到安静……既富有人文的精神，又富有崇高华严的气质与家居生活的舒适。"——林语堂

从上述材料中列举形成"文化北平"的原因，结合教材和所学知识补充材料中未涉及的内容。

3. 1949年后的北京名人呈现出什么样的新特点？

❷ 评估

1. 请将下列人物进行归类：

耶律楚材、文天祥、于谦、康熙、雍正、袁崇焕、孙中山、张居正、刘墉、乾隆、蔡元培、康有为、梁启超、陈独秀、胡适、曾国藩、李鸿章、左宗棠、关汉卿、马致远、王振、魏忠贤、和珅、纪晓岚

2. 宋庆龄故居的沿革是怎样的？（访问调查后做）

3. 北京的名人故居被列入国家重点文物保护单位的有几处？被列入北京市文物保护单位的有几处？另外还有几处名人故居被列为区县级文物保护单位的有几处？

资料与信息

参考资料

❶ 罗哲文. 北京的历史文化[M]. 北京：北京大学出版社，2004.
❷ 张肇基. 北京四合院[M]. 北京：北京美术摄影出版社，1993.

参考信息

❶ 胡同网：http://www.hotto.com
❷ 恭王府：http://www.pgm.org.cn
❸ 北京文化网：http://www.oldbj.com

提示与答案

阅读与思考

思考1：政治名人为主，多种角色并存。

思考2：政治压力减轻，商品经济发展缓慢，服务人员充足，服务设施完善，大学云集，便于学术研究和探讨。经历激烈冲突后，知识分子开始反思，心态平稳。

思考3：略。

实践与思考

思考4：访谈的程序和技巧基本有以下几条：

（1）谈话要遵循共同的标准程序，关键是要准备好谈话计划：①谈话的方式；②提问的措辞及其说明；③备用方案；④确定对调查对象所做回答的记录方法和分类方法。

（2）访谈前收集被访者的相关材料，对其经历、个性、地位、职业、专长、兴趣等有所了解；同时要分析被访者能否提供有价值的材料；考虑如何取得被访者的信任和合作；另外，在访谈时要掌握好发问的技术，善于洞察被访者的心理变化，具备随机应变的能力。

（3）访谈所提问题，要简单明白，易于回答；注意提问方式、用词，问题范围要与被访者的知识水平和习惯相适应；谈话内容要及时记录。

（4）研究者要做好访谈过程中出现各种情况的心理准备，如：为了给被访者留下良好的印象，要善于沟通，消除误会与隔阂，形成互相信任和融洽的合作关系。研究者还要注意自己的行为举止，以诚相待，热情，谦虚，有礼貌。为防止被调查者出现反应效应，可先用非正式谈话的方式沟通感情。

检测与评估

① 检测

1. 政治人物为主，多数人兼具多种身份，还有围绕政治人物服务的各色人等。

2. 城市生活舒适与园林生活美，融合为一体，感觉安静和舒适。

新文化运动中兴起聚集的学术教育群体，脱离政治首都的压抑气氛，未经历经济首都的繁华浮躁，留有京师旧有的氛围和节奏，反思了清末民国初年激愤冲突的状况，学术界的部分人士冷静下来，学术气息日益浓郁，学者心态平稳，便于学术研究的开展。

3．除了政治人物、文化人物的聚集外，也有科技人物和外籍人士增加的趋势。

②评估

1．古代名臣：耶律楚材、文天祥、于谦、袁崇焕、张居正、刘墉、纪晓岚

君主：康熙、雍正、乾隆

文人：蔡元培、陈独秀、胡适、关汉卿、马致远

近代政治家：孙中山、康有为、梁启超、曾国藩、李鸿章、左宗棠

奸臣：王振、魏忠贤、和珅

（还可有其他分类方法）

2．清康熙朝重臣、大学士明珠宅邸的一部分，后为乾隆朝重臣和珅的别墅，嘉庆年间为成亲王永瑆的府邸。清光绪十五年，为醇亲王新府邸的花园——鉴园。新中国成立以后，这里先是蒙古人民共和国驻华大使馆馆舍，1962年改建，宋庆龄七十寿辰前迁入此宅。

3．3；16；18。

10 悠悠往事
YOUYOUWANGSHI

每个城市都有其标志性建筑，杭州的西湖、西安的大雁塔、安阳的殷墟……说起北京，你会想到什么？颐和园？长城？还是西单和王府井？你肯定不会忘记，每个到北京的游客都会去一个地方——天安门广场。

其实，北京的大街小巷、广场城墙、亭台楼宇、山河湖泊，到处都有关于北京和中国的故事。悠悠岁月，往事如梦，令人神往。

阅读与思考

一、"永乐迁都"

明建文元年（1398年），燕王打出"诛奸臣，清君侧"的旗号，正式起兵造反。四年后，朱棣攻陷都城南京，夺得皇位，建年号永乐。朱棣下令将北平改名为北京，从永乐四年（1406年）开始，在北京大兴土木，直到永乐十八年（1420年）冬，才基本完工。朱棣迁都北京，北京改称京师，史称"永乐迁都"。明成祖朱棣为什么要迁都呢？（1）明代，汉族政权在北方民族不断崛起的情况下，需要考虑如何控制广大的北方地区，统一中国。"永乐迁都"是民族斗争的必然之举。（2）燕京城在明朝以前已经过辽、金、元三代的开发，成为北方最大的农业和商业中心。元代后期京杭大运河的修通和海运的兴盛，使其交通极度发达。（3）朱棣个人的政治需求，由于是抢夺自己侄子的皇位，有一定的心理障碍。

明成祖朱棣

二、中国近现代的风向标

天安门原为明清两代皇城的正门，始建于明永乐十五年（1417年），初称承天门，取"承天启运，受命于天"之意。清顺治八年（1651年），重修而改名为天安门，取"受命于天"和"安邦治国"之意。天安门城楼是皇宫的一部分，历来作为皇家威严的象征。同时，天安门作为北京传统的中轴线的一部分，与中央集权的政体相合，象征着权力的中心。金水桥、华表、灿烂的琉璃瓦、象征九五至尊的铜钉大门、金碧辉煌的雕梁画栋，散发着和谐、庄严、雄浑的气势，都是中国古典传统的皇家建筑的代表作。天安门是封建皇权的象征，是天子威仪的象征。

今天的天安门广场又处在北京一条新的轴线——东西向的轴线长安街上。天安门不仅是这两条古今轴线交汇的中心，更象征着古今不同文化之间的交融。

往事如烟，发生在这里的故事何止万千，仅20世纪这一百年间的大事，就可罗列如下：

1900年，成千上万的义和团战士和部分清军为抵抗八国联军，血洒天安门前；而列强也在这里举行阅兵式，耀武于此，国仇家恨，难以抒发殆尽。

1919年5月4日，北京的热血青年来到天安门广场，愤怒声讨北洋政府的卖国行径。"五四运动"作为中国新民主主义革命的开端，点燃了全国人民的斗争热情，中国人民正式向帝国主义和封建主义宣战。

1949年开国大典的瞬间

新中国的历史也是从天安门广场开始的，共和国成立几十年的光辉进程中，每一次具有重大历史意义的变革几乎都与天安门相关。从1949年10月1日开国大典时在天安门广场上升起第一面五星红旗起，每一年的国庆活动都以天安门广场为中心。不同的时代风景回旋在天安门广场，记录着共和国的历史变迁。

在天安门广场上发生的无数令人振奋或是令人深思的历史往事，都已定格在人民的记忆之中，不能忘记。也正因为天安门广场上曾发生过的那许多牵动中华民族之心的事件，人们更对天安门广场有着一份特殊的感情。

思考1：为什么天安门广场被称为中国近现代的风向标？

三、新中国成立初期关于北京的争论

新中国成立初期，关于北京的城市规划，苏联专家和国内著名建筑学家曾发生过一场持续3年之久的方案之争。专家们出于不同的立场与考虑，提出了"行政中心留在旧城""行政中心西移"等不同的规划方案，一时间，争执不下。参与这场争论的城市规划方案有：1949年的苏联巴兰尼科夫方案，1950年梁思成和陈占祥的《关于中央人民政府行政中心区位置的建议》，即北京规划史上著名的"梁陈方案"，1950年的朱赵方案等。除"梁陈方案"外，其他方案都提出"对北京旧城的拆除改建"的设想，而"梁陈方案"的核心是：为疏散旧城压力，行政中心西移，在西面建立新城。具体建议是：展拓城外西面郊区公主坟以东、月坛以西的适中地点，有计划地为政府行政工作开辟行政机关所必需足用的地址，定为首都的行政中心区域。这样，旧城作为文物保留下来，新建一个新中国的政治心脏，用一条便捷的东西十道连接新旧二城。"梁陈方案"的想法有其远见卓识之处，但与当时的时代需要有较大的冲突，因而被否定了。新北京城与旧北京城同心同轴的格局开始

落实，随之而来的对北京旧城的拆除改建也就不可避免了。

思考2：是什么原因造成北京的城市规划不采纳"梁陈方案"？

"梁陈方案"未能被采纳，既有定位和认识上的问题，也与现实的压力有关。北京旧城的规划设计因为将"帝王至上"的主题思想发挥到了艺术的极致，因而成为世界城市规划史上最为杰出的典型。进入中华人民共和国时代，北京作为人民的首都，在继承旧日城市规划优良传统的基础上，代之以"人民至上"的主题思想。

其次是对工业化的认识，所有关于北京城市的总体规划方案中，都明确指出，北京不但是我国的政治中心和文化中心，而且是现代化的工业基地和科学技术中心。

现实的问题是，新中国成立之初，北京面临着极大的人口压力，建都产生的大量干部、群众的工作、生活问题，使北京的用地极为紧张。所谓革新就是对传统的突破，于是确定了对北京城进行全面改造的原则，北京城开始了长达数十年的改建历程。

从万松老人塔（砖塔胡同，现存最老的胡同）到北海团城的忽必烈玉瓮，从八达岭长城到卢沟桥，从银锭观山到西山晴雪，北京的一草一木、一砖一瓦，都渗透着对往事的追忆和留恋。但时代是向前发展的，今天的北京成功地承办了第29届奥林匹克运动会，并将继续创造更加辉煌的明天。

实践与思考

徐霞客在游历考察祖国的山川河流时，非常重视全方位、精细的考察。石梁飞瀑是浙江天台山的著名旅游景点，徐霞客对其进行考察是在万历四十一年（1613年）初三日，"过上方广，至石梁（现石梁铜壶景区）"，先是"礼佛昙花亭（现中方广寺边昙花亭，原为南宋丞相贾似道所建），不暇细观飞瀑（现金溪和大兴坑溪会合处）"，接着是"下至下方广（现下方广寺），仰视石梁飞瀑，忽在天际"。这是两次粗略观察。后考察水珠帘等景归来，已是暮色黄昏，"停足仙筏桥，观石梁卧虹，飞瀑喷雪"，以致当夜"几不欲卧"。第二天一大早，他"不暇晨餐，即循仙筏上昙花亭，石梁即在亭外。梁阔尺余，长三丈，架两山坳间。两飞瀑从亭左来，至桥乃合以下坠，雷轰河隤，百丈不止"。这是他数次详察石梁形状、位置、飞瀑的来源和下汇喷瀑的磅礴气势后记录下来的文字。接下来，"余从梁上行，下瞰深潭，毛骨俱悚"，他亲自步上石梁下瞰，惊心动魄，使人读时如临其境。此时他对石梁飞瀑已了然于心，但他并没有满足，"梁尽，即为大石所隔，不能达前山，乃还。过昙花，入上方广寺。循寺前溪，复至隔山大石上，坐观石梁"。他在这边看过后，又到对面看，坐在石上细细看，直到下方广寺和尚一再叫他吃饭，他才离去。徐霞客对"石梁飞瀑"的考察之详细，可谓天下仅有。我们在考察时，也应当学习徐霞客的这种考察方法。

活动 ❶ 寻找历史事件的"现代痕迹"

活动任务

一个地区的地名变化往往是历史的见证，或反映该地区曾有的自然环境，或体现这里的历史习俗，或纪念某地标曾经的职能或作用，或纪念某一历史事件或某位名人。北京就有不少的地名记载了著名的历史人物和历史事件。如"五四大街"因纪念1919年发生在此地的"五四爱国运动"而命名；"三不老胡同"明代称"三保老爹胡同"，因著名的航海家郑和（三保太监）的府第在此，为纪念他而得此名（"三不老"实为"三保老"的讹称）；另外还有"赵登禹路""佟麟阁路""张自忠路"等等。由此看来，我们可以把地名作为研究历史事件和历史人物的切入点。

① 调查影响北京发展的历史事件的相关地名的变化情况。

② 寻找北京具有代表性的地标。

活动准备

北京市电子地图、北京市地图、记载对北京有影响的重大历史事件的书籍。

活动步骤

① 了解对北京有重大影响的历史事件，并注意该事件的发生地点、该事件的主要参与人物。

② 查找北京市电子地图，联系查到的人物和地点，看看这些地点的现在名称是什么，是否存在因为事件和人物而定的地名。

③ 走访具有悠久历史的风景点、名胜古迹、纪念地、古桥、古溪渠、古遗迹、古遗址、古建筑、现存的古老街巷或在建设中已经消失的古城门、古街巷，并走访相关地区的当地居民，了解更加具体的情况。凡能确认其地理位置的，将其标注在你的北京市地图中，并解释其名称的来历、含义及变迁。

④ 到北京史研究会请教相关人员，请他们查看你的研究成果。

思考3：北京还应当设置哪些地标来纪念历史呢？你能谈谈设置这些地标的意义吗？

活动 ② 模拟争论

活动任务

模拟历史事件，了解历史进程，反思历史问题，总结经验和教训。

活动准备

辩论建立在调查和采访当事人的活动的基础上，需要了解人物的资料，进行相关知识储备。只有这样，才能对问题进行较深入的探究。

活动步骤

❶ 扮演角色，以"梁陈方案""苏联方案""朱赵方案"各为一方，进行模仿辩论，设立主持人、知识顾问和仲裁人。

❷ 要求辩论必须遵循史实，论从史出，如有偏差，历史老师须予以纠正，并对其进行警告，记录在案。

❸ 辩论的目的在于使更多人了解和关注北京城市规划的论证过程和思路发展沿革，同时深入了解限制城市发展的各项条件和问题，为今天北京城市规划的发展和方向提供思路，进行宣传。

活动 ③ 收集大事件，了解北京城

活动任务

在城市的形成和发展过程中，会有一些重大的历史事件发生，这些大事件可能对这个城市产生巨大影响。让我们一起来收集这些事件，并将收集的成果进行集体展览，与大家共同了解我们居住城市的成长历程吧！

活动准备

❶ 城市地图。

❷ 网络教室，配有计算机的阅览室。

❸ 举办展览所需的纸张、笔墨等。

活动步骤

❶ 将参加活动的同学分为三个小组。

❷ 第一组同学负责上网查找本市曾经发生过的重大历史事件，并将查找结果整理成电子文稿。

❸ 第二组同学在城市地图上查找本市博物馆，如北京的首都博物馆，各城镇博物馆的地址，到博物馆参观并记录曾经发生的重大历史事件。

❹ 第三组同学在网上查找研究城市地方志的专家，对专家进行采访，记录专家讲述的大事件及其对大事件的评价。

❺ 三个组的同学进行成果交流，评选出对城市的形成和发展最具影响力的十大事件。

❻ 每个小组选派文笔好、书法好、绘画和计算机水平较高的两位同学，共同将评选的结果制成板报或墙报进行展出，供大家参观。

❼ 如有计算机水平较高的同学，还可以将成果制成网页，在网上与更多愿意了解城市历史的人进行交流。

思考4：你认为通过收集和举办展览的形式了解一个城市形成和发展过程中最具影响力的大事件有哪些好处？

检测与评估

❶ 检测

1. 朱棣为什么迁都北京？
2. 简单列举20世纪在北京发生的重大事件。
3. 简述"梁陈方案"的基本内容。

❷ 评估

1. 请你从身边的人或地方，收集曾经发生过的历史事件和生活于此的人物的相关资料，并进行整理，写成一篇调查报告。
2. 在收集历史大事件的过程中，不同的专家对同一历史事件的看法必然有所差别，将这些看法罗列出来，并说说你对此有什么看法。

资料与信息

参考资料

❶（美）牟复礼，（英）崔瑞德. 剑桥中国明代史[M]. 北京：中国社会科学出版社，1992.

❷ 马正林. 中国城市历史地理[M]. 山东：山东教育出版社，1998.

❸ 北京大学历史系《北京史》编写组. 北京史[M]. 北京：北京出版社，1985.

❹ 侯仁之. 北京城市历史地理[M]. 北京：北京燕山出版社，2000.

参考信息

❶ 老北京网：http://www.oldbeijing.org
❷ 北京文化网：http://www.oldbj.com
❸ 结艺坊中国民俗网：http://www.myknots.com
❹ 天安门地区管理委员会：http://www.tiananmen.org.cn
❺ 北京文网：http://www.beijingww.com
❻ 故宫博物院：http://www.dpm.org.cn
❼ 中国地名网：http://www.cgn.ac.cn

提示与答案

阅读与思考

思考1：只要能够自圆其说，有凭有据即可（答案从略）。

思考2：既有定位和认识上的问题，也存在现实的压力。

实践与思考

思考3：略。

思考4：收集过程就是了解的过程，而且会使印象更加深刻；展览能够将成果与大家共享，形成成就感，同时也可以起到宣传的作用。你还有更好的想法吗？

检测与评估

① 检测

1．（1）明代汉族政权在北方民族不断崛起的情况下，要考虑如何控制广大的北方地区，统一中国。"永乐迁都"是民族斗争的必然之举。

（2）燕京城在明朝以前已经过辽、金、元三代的开发，成为北方最大的农业和商业中心；元代后期京杭大运河的修通和海运的兴盛，使其交通极度发达。

（3）朱棣个人的政治需求，由于是抢夺自己侄子的皇位，有一定的心理障碍。

2．略。

3．"梁陈方案"的核心是：为疏散旧城压力，行政中心西移，在西面建立新城。具体建议是：拓展城外西面郊区公主坟以东、月坛以西的适中地点，有计划地为政府行政工作开辟行政机关所必需足用的地址，定为首都的行政中心区域。这样，旧城作为文物保留下来，新建一个新中国的政治心脏，用一条便捷的东西干道连接新旧二城。

② 评估

1．略。

2．略。

文化印象 11

徐霞客在游历过程中感受到了各地不同特色的风土人情，并在《徐霞客游记》中多处记录了其所到地区的民风民情和文化特色。由于自然和人文条件的差异，每个地区形成了各具特色的地域文化。

我们居住的城市有哪些文化特色呢？

2008年的北京奥运会会徽，将中国具有5 000多年历史的印章和书法等艺术形式与体育运动特征结合起来，凝聚了中华民族优良传统文化的神韵。

这是中国的，也是北京的文化印象。

阅读与思考

每个国家，每个民族，都有自己独特的文化，每个城市，每个地区的文化也各有特色。北京作为数朝古都，留下了丰富的人文遗产，也铸造了北京人的个性与风格，形成了别具特色的京味文化。

一、"一条街"文化

北京有很多京味十足的文化街，形成了别具特色的"一条街"文化。

前门"大栅栏"是北京最古老、最著名又别具一格的古老街市和繁华的商业"一条街"。从清代开始，这里就出现了一批独具特色的老字号店铺，如"同仁堂国药店""瑞蚨祥绸缎皮货庄""内联升鞋店""六必居酱菜园""张一元茶庄"等。

和平门外的琉璃厂是一条世界瞩目的中国传统文化"一条街"。因元明清时在此开设琉璃瓦的烧窑厂而得名，沿街经销古玩、字画、古旧书籍、文房四宝的商店有百余家，荣宝斋、一得阁、汲古阁、中国书店、古籍书店等名扬海内外。

王府井步行街在北京有"购物金街"之称，新东安有一条"老北京一条街"，出售地道的老北京传统食品，各种小玩意儿也应有尽有，抖空竹、拍洋画在这里都能练上一手。还有民间艺人来这里说学逗唱，有相声、双簧、皮影戏等，彰显北京传统文化的魅力。

马连道有著名的茶叶一条街，是北京和华北地区最大的茶叶集散地，汇集中国各地名茶，有云南普洱茶、武夷山岩茶、黄山毛峰等，是北京市唯一的"中国特色商业街"。

思考1：北京有特色的"一条街"还有哪些？

二、京腔京韵

（一）北京话

北京话属于北京官话，流行于北京城区。普通话虽然以北京语音为标准音，但是，北京话不等同于普通话。

北京话的儿化音现象比普通话更为明显，语言绵软，小小的"儿化音"能把任何凝重消磨得轻轻松松。比如说，普通话中的"做官""赚钱""娶亲"这样的大事，在北京人嘴里就成了似乎可有可无的"当官儿""挣俩钱儿""娶媳妇儿"。不过，儿化音并不是可有可无，用不好还会闹笑话，比如，"前门"是特指北京正阳门南面的箭楼及其周围地区，而"前门儿"是指"前面的那扇门"；"肉皮儿"是说人的皮肤，而"肉皮"则专指猪肉的皮。

过去的北京话喜欢在通俗的语言中加上文言古词，例如，把"到头了"说成"至矣尽矣"，把"说话含糊"说成"含而忽之"等。

行话在北京话中也极为常用，比如，把"出门办事穿的比较正式的服装"戏称为"行头"，把"做辅助工作"称为"跑龙套"等。

北京人说话讲究文明，一般要请人帮点忙，得先说"劳驾"；送点儿礼，得说"费心"；请人让路，先说"借光"；让人花了钱，说声"破费"……

（二）京剧

1790年（清乾隆五十五年），四大徽班进京，与北京剧坛的昆曲、汉剧、弋阳、乱弹等剧种经过几十年的融合，逐渐演变为京剧，成为中国最大的戏曲剧种。京剧是综合性表演艺术，集唱（演唱）、念（念白）、做（表演）、打（武打）、舞(舞蹈)为一体，通过程式的表演手段叙演故事，刻画人物，表达喜、怒、哀、乐等思想感情。角色可分为生（男人）、旦（女人）、净（男人）、丑（男人、女人都有）四大行当，人物有忠奸、美丑、善恶之分，形象鲜明，栩栩如生。活跃在北京的著名京剧表演艺术家有程长庚、梅兰芳、谭鑫培、程砚秋、杨小楼、荀慧生等。

（三）吆喝

一方水土养育一方人，方言代表着一个群体的共性，市井民俗的精神血脉融化在各地悠扬的叫卖声中。吆喝是"生活交响曲"，不是随随便便的叫卖，其中大有学问。

沿街买卖图

吆喝用词十分讲究，形容词、动词、感叹词要用得精道，必须合辙押韵，语调强弱、语句快慢也要恰到好处，声音要求婉转而有穿透力，口齿清晰，韵味要浓，唱词的编写需富有想象力，叫卖不能只是扯着嗓子喊，需要配上不同的响器增加韵味。卖烧饼麻花的用小木梆子，耍猴儿的用大锣，串街收购的用小皮鼓……这样，无需吆喝，人们往往一听声音，就知道谁来了。

思考2： 访问一下老北京人，记录下北京的吆喝有哪些。

三、民以食为天

俗话说，"民以食为天"，北京人特别讲究吃，讲究吃的艺术、吃的文化。北京的风味小吃历史悠久，品种繁多，制作精细，清代《都门竹枝词》云："三大钱儿买甜花，切糕鬼腿闹喳喳，清晨一碗甜浆粥，才吃茶汤又面茶；凉果糕炸糖耳朵，吊炉烧饼艾窝窝，叉子火烧刚卖得，又听硬面叫饽饽；烧麦馄饨列满盘，新添挂粉好汤圆……"一首词生动概括了北京的各色小吃。

北京烤鸭有"天下第一美味"之称。吃烤鸭的最佳去处是"全聚德"和"便宜坊"。

胡金铨先生说："不能喝豆汁儿的人算不得是真正的北平人"。北京人爱喝豆汁，并把它当成一种享受。豆汁须配上焦圈、咸菜一起吃，所谓豆汁、焦圈、咸菜"一个都不能少"，这才是老北京的生活。

豆汁、焦圈、咸菜

北京人喝豆汁

北京不但有小吃，也有名扬中外的大餐，最著名的是满汉全席。宫廷菜是北京菜系中的一大支柱，北海公园仿膳饭庄、听鹂馆"全鱼宴"以及满汉全席，在世界上是独一无二的。

思考3：如何将北京的饮食文化发扬光大？

实践与思考

活动 ① 班级承办年级（学校）传统文化节

活动任务

为加强未成年人思想道德建设，弘扬中华传统文化，振奋民族精神，年级（学校）通过参与传统文化节日等活动，培养艺术修养，进行爱国主义教育。

实验中学文化节学生盛装游行

活动准备

北京传统服装、北京小吃、音乐、民间艺人、照相机、摄像机。

活动步骤

❶ 选出传统文化节领导小组的成员，设计传统文化节活动方案。可以分几个小组，如：服装服饰组、北京小吃组、民间艺术组等，每组选出组长，分别负责本组活动方案的制订和组织工作。

实验中学文化节舞龙表演

实验中学文化节舞狮表演

❷ 各组分别进行准备、组织和排练。

❸ 营造文化节氛围：师生穿中式服装，校园中挂灯笼、中国结、中国书法、国画条幅等，各班教室贴春联、窗花等。

❹ 各组展示传统文化节成果，要求有背景音乐，进行拍照和录像。

实验中学文化节校园、教室布置

❺ 活动结束后，领导小组总结得失，刻录传统文化节光盘。

思考4：从2008年起，清明节、端午节、中秋节被国家定为法定节日，如何过节才能更好地继承和弘扬传统文化？

活动 ❷ 绘制京剧脸谱

活动任务

脸谱起源于上古时期的宗教和舞蹈面具，京剧脸谱通常分净角与丑角脸谱两大类，约有十余种谱式。

在人的脸上涂抹不同颜色来代表一个人的性格和品质、角色和命运，是京剧的一大特点，也是我们理解京剧剧情的关键。

《说唱脸谱》中唱道："那一天爷爷领我去把京戏看，看见那舞台上面好多大花脸，红白黄绿蓝颜色油的脸，一边唱·边喊，哇呀呀呀呀，好像炸雷唧唧喳喳震响在耳边，蓝脸的窦尔墩盗御马，红脸的关公战长沙，黄脸的典韦白脸的曹操，黑脸的张飞叫喳喳……"

依据自己的喜好，绘制出不同性格的京剧脸谱。

脸谱资料、脸谱底板、铅笔、毛笔、水粉色、调色盘。

窦尔墩

关羽

典韦

曹操

张飞

❶ 上网查阅脸谱的相关知识。

❷ 准备脸谱底板、铅笔、毛笔、水粉色、调色盘。

❸ 分小组，根据不同性格绘制不同人物的脸谱。

（1）在脸谱外形上定出左右的中轴线。

（2）定出眉、眼、口、鼻的位置。

（3）用铅笔勾画脸谱纹样，勾画谱式时注意左右对称（歪脸除外）。

（4）先从白色入手，将所有面积用白色涂满，再涂颜色，要遵从由浅入深的顺序。

（5）着墨色，着色时先勾边线再涂染。

❹ 展示交流，理解京剧脸谱与人物性格及京剧剧情之间的关系。

美国学生绘制的脸谱

思考5：京剧虽贵为国粹，但越来越多的年轻人对其了解甚少，如何让京剧这门艺术继续生存并蓬勃发展？

活动 **3** 利用北京的方言和吆喝编演话剧

活动任务

中国地大物博、人口众多，每个地区都有自己独特的方言，体现出各具特色的生活习惯和文化特征，北京的方言和吆喝体现了北京人的性格、语言习惯和生活习惯。调查北京的方言对了解北京的文化起着重要的辅助作用。调查时需要做大量的采访工作，也会遇到一系列的困难。当年，徐霞客在考察过程中，不管困难多大，条件如何恶劣，都坚持每天把旅游的经历、考察的情况和自己的心得体会，详尽而生动地记录下来，"余日必有记"，从未间断。我们需要学习徐霞客的精神，利用科学有效的调查方法调查北京的方言和吆喝，并利用北京的方言和吆喝编演话剧。

活动准备

访谈问题、访谈对象、数码相机和摄像机。

活动步骤

❶ 拟订访谈对象，访谈对象可以是自己家的老人，如爷爷、奶奶，或者请当地居委会帮忙，找一些年长的老者或相关专家。

❷ 讨论、撰写访谈问题，访谈问题要以老北京的方言、吆喝以及北京的逸闻趣事为题材，尽量做到细致。

❸ 实地考察访问，注意访谈礼仪，做好详细的访谈记录。

❹ 编写剧本。剧本要结合访谈内容，体现出老北京人生活的实际面貌。

❺ 组织演员，进行角色扮演。

❻ 演出、拍照、摄像并录制成光盘。

思考6：请结合北京吆喝的特点，自己撰写一种时髦物品的吆喝词。

检测与评估

❶ 检测

1. 北京享誉中外的老字号有哪些？

2. 描述一下京剧是如何形成的。

3. 列举京剧的四大行当。

❷ 评估

1. 绘制京剧脸谱需要了解哪些知识？亲手为自己设计一个脸谱。

2．采访需要哪些准备工作？试着列一个采访提纲。

 资料与信息

参考资料

① 萧乾．北京城杂忆[M]．北京：生活·读书·新知三联书店，1999．

② 徐世荣．北京土语辞典[M]．北京：北京出版社，1990．

③ 刘心武．胡同串子[M]．北京：北京燕山出版社，1997．

④ 叶祖孚．北京风情杂谈[M]．北京：中国城市出版社，1999．

参考信息

① 天天美食网：http://www.ttmeishi.com

② 远方网：http://www.likefar.com

③ 北京文化网：http://www.oldbj.com

④ 老北京风情园：http://www.lbjfqy.com

⑤ 京都热线：http://www.btxx.cn.net

 提示与答案

阅读与思考

思考1：中关村电子一条街、三里屯酒吧一条街、簋街、东单购物银街等。

思考2：北京的吆喝各式各样，如卖西瓜的吆喝："哎，这斗大的西瓜，你就船这么大的个块儿咧，吃了呗咬快来哎，鞠儿嗓子甜嘞，这两个大咧。"卖冰糖葫芦的："葫芦儿，葫芦儿冰糖多吖哎。"卖豆汁的吆喝："甜酸咧豆汁儿哎，甜酸咧豆汁儿哎！"等。

思考3：首先，要善于学习传统文化，可以通过网络、电视媒体等方式学习；其次，宣传教育；还可以建议有关部门组织一些相关活动等。

实践与思考

思考4：第一，大力宣传；第二，多组织相关活动，让年轻人亲身参与；第三，学校开设相关课程；第四，京剧要不断创新，与时俱进。

思考5：略。

思考6：略。

检测与评估

① 检测

1. 同仁堂国药店、瑞蚨祥绸缎皮货庄、内联升鞋店、六必居酱菜园、张一元茶庄、全聚德烤鸭店等。

2. 京剧是综合性表演艺术，是中国最大的戏曲剧种。1790年（清乾隆五十五年）四大徽班进京，与北京剧坛的昆曲、汉剧、弋阳、乱弹等剧种经过几十年的融合，逐渐演变为京剧，集唱（演唱）、念（念白）、做（表演）、打（武打）、舞(舞蹈)为一体，通过程式的表演手段叙演故事，刻画人物，表达喜、怒、哀、乐等思想感情。

3. 生（男人）、旦（女人）、净（男人）、丑（男人、女人都有）。

② 评估

1. 参考"实践与思考"中的活动2。

2. 第一，确定采访对象；

第二，预约采访时间；

第三，撰写较为详细的采访提纲；

第四，准备录音笔（须经被采访者同意）或记事本；

第五，准备一件小礼物（最好是自己精心制作的）以表感谢。

采访提纲要根据采访内容和被采访者的具体情况确定。

城市规划是指，根据一定时期内城市的经济和社会发展目标，确定城市的性质、规模和发展方向，合理利用城市土地，协调城市空间功能布局，以及综合部署和全面安排各项建设。合理的城市规划可以保证城市居民生产和生活的正常进行，有效地预防和解决城市化带来的问题，有利于城市的合理建设。

那么，北京的城市规划是怎样的？北京未来发展的目标又是什么？

阅读与思考

　　城市规划是一定时期内城市建设的综合部署和全面安排，因此，同一城市不同时期的规划是不同的。1993年国务院批准的《北京城市总体规划（1991—2010年）》提出，北京城市规划区按照市区（即中心城市）、卫星城（含县城）、中心镇、一般建制镇四级城镇体系布局。社会经济迅猛发展，这个总体规划所确定的目标基本已经提前实现，当初规划的空间容量趋于饱和，难以容纳新的城市功能。但是现在北京面临新的机遇，迫切需要新的发展空间，所以原有的规划思想需要及时加以调整和补充。2004年北京市对城市总体规划进行了建国以来的第6次修改，制定了新的城市总体规划。

　　《北京城市总体规划（2004—2020年）》对北京市的空间布局做了大幅度的调整，提出在北京市域范围内，构建"两轴—两带—多中心"的城市空间结构。规划中的"两轴"指沿长安街的东西轴和沿天安门的南北轴；"两带"指"东部发展带"和"西部生态带"，其中"东部发展带"包括怀柔、密云、顺义、通州、亦庄、平谷，"西部生态带"包括延庆、昌平、门头沟、房山、大兴；"多中心"是指在北京市域范围内建设多个服务全国、面向世界的城市职能中心，包括中关村高科技园区核心区、奥林匹克中心区、中央商务区、海淀山后地区科技创新中心、顺义现代制造业基地、通州综合服务中心、亦庄高新技术产业发展中心和石景山综合服务中心等，以提高城市的核心功能和综合竞争力。

　　新城市规划中的"两轴""两带"将从空间布局上保障北京首都职能和文化职能的发挥，为了保护生态环境，各级城镇优先发展高新技术、高教园区等环保型产业，力图将北京建成最适宜人居住的城市；"多中心"分别承担着不同的城市功能，以提高城市的服务效率，分散交通压力。在原有卫星城的基础上，还将建设若干新城，分别是：通州、顺义、亦庄、大兴、房山、昌平、怀柔、密云、平谷、延庆、门头沟。这些新城用于吸纳城市新的产业和人口，为中心区分流。未来将重点发展位于东部发展带上的通州、顺义和亦庄3个新城，这3个新城将成为北京中心城区人口和职能疏散及新的产业聚集的主要地区。按照新规划，到2020年，北京计划将总人口控制在1 800万人左右，中心城区人口控制在850万人以内，中心城城镇建设用地规模控制在778平方千米，人均建设用地控制在92平方米。中心城区应从向外扩展转向内部的调整优化，而不能继续"摊大饼"。

　　总之，"两轴—两带—多中心"城市规划的提出，改变了从前的北京城市空间发展战略，由原来的单中心均衡发展转变为多中心与新城结合发展。新规划将引导城市功能的合理布局，为北京向现代化城市发展提供蓝图。

思考1： 收集相关资料，对比分析不同时期北京城市总体规划的异同点，论述本次规划有哪些优势。

实践与思考

活动 1 文献检索和实地考察

活动任务

　　任何一个城市规划都是经过反复推敲、多次论证才确定下来的。关于北京城市规划的争论非常激烈，也留下了大量的文字资料，这给我们的学习和探究提供了方便，所以在图书馆和网上检索资料是进行本课程研究的基础。但进行文献检索，收集相关资料是学习和探究城市规划及其变迁的必经之路。

活动准备

　　能联网的电脑、选择好博物馆和图书馆。

活动步骤

❶ 图书馆检索：书名、杂志、报纸、作者等，以及人民大学的资料汇编、各种论文等。

❷ 网上检索：主要检索重点词汇、主要人物、基本书籍和相关法规，也可以到相关机构的网站去检索；另外，通过检索相关论文，也可便捷获得资料。

❸ 参观相关博物馆，对城市有初步的了解。

❹ 再次搜集资料，上网查阅有关资料，阅读相关书籍，应特别注意对古今地图进行对照。

❺ 带着资料和问题，进行实地考察，找出历史上城市规划中的重要地区以及今天的地理环境状况。走访当地居民，了解周围人文环境和风土人情的变化，询问城市的基本变迁等。

思考2：为什么要同时兼顾图书馆资料和网上资料？

活动 2 参观北京市经济技术开发区

活动任务

参观和实地考察是地理研究的基本方法之一，也是徐霞客精神的重要体现。北京经济技术开发区是北京市新城市规划的一项重要内容。可以通过参观北京市经济技术开发区，了解北京市新城的功能和特点。

活动准备

工业园区地图、录音笔、摄像机、记录本、笔等。

活动步骤

❶ 搜集北京市经济技术开发区的相关资料，了解该工业园区的历史、现状、企业数量、工业类型、各种工业类型所占的比例、重点企业名称等，进一步细化参观目的。

❷ 确定参观时间、路线，包括到达路线和园区内参观路线。

❸ 确定需要走访的企业，确定访问主题。

❹ 参观时，在工业园区地图上绘制企业分布图。

❺ 参观结束后写观后感，做到图文并茂。

活动提示

❶ 参观时注意做好记录。

❷ 参观结束后注意及时归纳整理相关材料，写出观后感。

思考3：北京市经济技术开发区的特点和主要功能是什么？

活动 3 比较三个新城的发展异同

活动任务

区域的对比分析是徐霞客常用的一种方法，通过对比分析可以找出地理事物的异同点，便于进行深入研究。通州、顺义、亦庄是北京市新规划的三个新城，三个新城有什么共同点？分别有哪些优势？如何才能更好地发展？请你们查找资料，进行深入的调查研究，得到满意的答案。

活动准备

设计相应的调查问卷。

活动步骤

❶ 查找资料，进行比较。比较的内容包括：

（1）新城的建设

经济建设——吸引外来人员来此就业和创业的优惠政策；

生态环境——绿地面积，休闲生态公园的个数及规模；

公共设施——商场、餐饮、医疗、教育等公共基础部门的个数及分布状况，新城内高科技、节约型设施的基本情况；

交通状况——与城区的交通连接状况、新城内部的交通状况；

划定禁建区、限建区的情况。

（2）新城的人口

有多少中心城疏散转移的高素质人才，大概有多少购房的需求；

有多少来自全国包括全世界的各类人才，需要新增多少套住房及相应设施；

有多少当地农民转变为市民，需要提供多少就业机会。

（3）未来的定位

发展的切入点在哪里，未来的方向是什么？

❷ 在三个新城内进行随机的问卷调查，了解以上三方面的情况。

❸ 将上述资料汇总，写出一份调查报告。

思考4：人们来到新区，最看重它的哪一方面？

活动 ④ 设计规划节约型社区

活动任务

建设节约型社会是党和国家在新时期、新环境下提出的一项新目标，同学们可以通过设计节约型社区来响应这一号召。

活动准备

记录本、笔、照相机、计算器、电脑。

活动步骤

❶ 调查你所在城市的节约型设施或采取的具体措施，并按照节水、节能、减排进行简单的分类。

❷ 上网收集资料，查找国外社区的节约型设施或所采取的具体措施，并按照上述标准进行简单分类。

❸ 进入社区，调查居民对节能、减排的基本需求和困惑。

❹ 结合当地实际，并考虑资金情况，设计规划节约型社区（分为高级小区和普通小区，并附上成本费）。

活动提示

注意对资料的整理和对调查数据的统计分析。

思考 5：试计算一个普通小区在你的规划实施后一年中的节能和减排情况。

检测与评估

① 检测

1．根据北京城市总体规划，位于东部发展带的___、___、___是三个重点建设的新城。

2．北京如何才能改变所谓的"摊大饼"现状，你有什么好主意？

3．说出"两轴—两带—多中心"的内涵及意义。

② 评估

1．绘制北京市经济技术开发区的企业分布图。

2．未来北京市发展的4个方向是_____。

3．写一篇小短文，说说你对建设节约型社区的感受及建议。

资料与信息

参考资料

① 罗哲文．北京的历史文化[M]．北京：北京大学出版社，2004．

② 北京市档案馆．日伪统治时期华北都市建设概况[J]．北京档案史料，1999，第4期．

③ 北京市城市建设档案馆．当代中国城市发展．北京卷[J]．北京城建档案，2008，第4期．

④ 北京城市建设规划篇1~7卷．北京市城市建设档案馆

⑤ 北京市规划委员会．北京城市总体规划（2004~2020）．2007．

⑥ 京津冀都市圈区域规划

⑦ 李德华．城市规划原理[M]．北京：中国建筑工业出版社，2001．

参考信息

① 北京市发展和改革委员会：http://www.bjpc.gov.cn

② 北京市规划委员会：http://www.bjghw.gov.cn

③ 首都之窗：http://www.beijing.gov.cn

④ 胡同网：http://www.hottoo.net

⑤ 恭王府：http://www.pgm.org.cn

⑥ 北京文化网：http://www.oldbj.com

提示与答案

阅读与思考

思考1：以前的规划只考虑城区周围，城市曾经进行的是"摊大饼"式的建设（分散集团距离近，没有达到分散的目的）。2004年，北京市提出了"两轴—两带—多中心"的城市空间布局规划，并且在中心城区周围建设新城，重点建设顺义、通州、亦庄等（距离远，可形成独立城市），以疏散中心城区人口，缓解北京交通拥堵、环境破坏等城市化问题。

实践与思考

思考2：网上资料缺乏深度和时效性，而图书馆资料，特别是论文汇编在深度和时效性上都有网上资料无法比拟的优势。

思考3：北京市经济技术开发区是以高新技术产业和先进制造业为主的综合产业区，是辐射并带动京津城镇走廊产业发展的区域产业中心。重点发展电子、汽车、医药、装备等高新技术产业与现代制造业，以及商务、物流等，积极向综合产业新城转变。

思考4：通过问卷等调查方式，归纳得出结论。

思考5：略。

检测与评估

1 检测

1．顺义 通州 亦庄

2．言之有理即可。如"大北京方案"就是一种出路。

3．内涵："两轴"指沿长安街的东西轴和沿天安门中轴线的南北轴。"两带"指"东部发展带"和"西部生态带"，其中"东部发展带"包括怀柔、密云、顺义、通州、亦庄、平谷；"西部生态带"包括延庆、昌平、门头沟、房山、大兴。"多中心"包括中关村高科技园区核心区、奥林匹克中心区、中央商务区、海淀山后地区科技创新中心、顺义现代制造业基地、通州综合服务中心、亦庄高新技术产业发展中心和石景山综合服务中心等。

意义："两轴""两带"将从空间布局上保障北京首都职能和文化职能的发挥，为了保护生态环境，各级城镇优先发展高新技术、高教园区等环保型产业，力图将北京建成最适宜人居住的城市；"多中心"分别承担着不同的城市功能，以提高城市的服务效率，分散交通压力。

❷评估

　　1. 略。

　　2. 国家首都、世界城市、文化名城、宜居城市

　　3. 略。